選手

PROLOGUE

콘테는 무엇이 다른 축구인인가?

Perchè Conte è speciale?

2022년 7월 10일 토트넘과 함께 한국에 방문한 콘테가 일주일간 보여준 모습은 그동안 알고 있던 콘테와는 사뭇 다른 모습이었다. 언론에 비친 그의 모습에는 시종일관 미소가 끊이지 않았고, 방한 일정을 즐기는 것 같았다. 경기 때 자주 보이던 끊임없이 선수들을 다그치는 모습, 구단과의 관계에서 불만이 있으면 직설적으로 표현하는 화법 등 강한 모습만을 주로 봐왔던 나에게는 무언가 다르게 느껴졌다. 이전부터 콘테가 경기장 안에서는 열정 가득한 야수 같은 사람이지만, 경기장 밖에서는 수줍음이 많은 사람이라는 점을 알고 있었음에도 불구하고 말이다.

처음에 이 책을 쓰자는 제안을 받았을 때 느끼는 부담감은 결코 적지 않았다. 그도 그럴 것이 나는 콘테 감독에게 엄청난 비난을 가했던 사람이 아닌가. 물론, 당시 내가 했던 표현 중에 일부는 매체의 특성상 더 과장하고 더 희화화해서 말을 했던 것도 사실이다. 그러나 아무리 그렇다고 하더라도 그런 비난을 했던 내가 콘테에 대한 이야기를 썼을 때 다른 사람들이 어떻게 받아들일까 하는 지점이 고민이 될 수밖에 없었다. 그래서 한동안은 제안을 받아들이고도 글을 제대로 쓸 수가 없었다.
글을 쓰기 시작하면서 나는 스스로 최대한 객관적인 시선을 가지자고 마음먹었다. 하지만, 결과적으로 그럴 필요가 없었다. 콘테의 발자취를 하나하나 따라가다 보니, 지금까지의 생각이 자연스레 바뀐 부분이 있었던 것이다. 콘테는 선수 시절부터 지금까지 많은 역경에도 불구하고 높은 성취를 이뤄낸 사람이다. 나는 그러한 부분을 간과했던 것 같다. 어쩌면 애써 외면하려 했을지도 모르겠다. 앞으로도 내 직업상 그에 대해 비판할 것이 있다면 비판을 하겠지만, 이제야말로 그를 냉정하게 바라볼 수 있을 것 같다. 그렇게 책이 어느 정도 쓰여가고 있을 때쯤, 토트넘이 방한했다. 내 안에서 콘테에 대한 생각이 많이 정리되었을 때라 더 특별한 기분이 들었던 것 같다.

콘테는 누구보다도 열정적인 사람이다. 승부욕에 관해서라면 타의 추종을 불허한다. 그는 강박적으로 이기는 것만 생각하는 사람이고, 이기지 못했을 때는 분해서 잠을 못 이룰 정도이다. 리그에서는 늘 승리자가 되는 감독이지만, 챔피언스리그와 같은 유럽클럽대항전에서는 기대 이하의 모습을 보이기도 한다. 그래서 콘테라는 인물은 입체적이다. 경기장 안에서의 강렬한 모습과 서울에서 보여준 온화한 미소. 그 모두가 콘테라는 사람이고, 사실 콘테뿐만 아니라 우리 모두는 그렇게 양면적인 모습을 갖고 살아간다. 우리 모두는 스스로가 가진 다양한 모습들을 때로는 내세우고, 때로는 감추면서 살아간다. 유벤투스, 첼시, 인테르, 토트넘 등 콘테가 거쳐갔던 팀의 팬이라면 그에 대한 각자의 생각이 있을 것이다.
혹은 이 팀들의 팬이 아니라도 콘테라는 축구인에 대한 생각은 다양할 것이다. 이 책에 콘테의 모든 것이 담겨있다고 할 수는 없다. 하지만, 읽는 동안 콘테라는 인물에 대해서 다시 한번 생각해 볼 거리를 제공했으면 좋겠다.

TIMELINE

이탈리아 레체 출생 *1969*
US 레체 유스팀 입단 *1982*
US 레체 성인팀 데뷔 *1985*
유벤투스 FC 이적 입단 *1991*
선수 은퇴 *2004*
시에나 1904 코치 부임 *2005*
SS 아레초 감독 부임 *2006*
SSC 바리 감독 부임 *2007*
아탈란타 BC 감독 부임 *2009*
시에나 1904 감독 부임 *2010*
유벤투스 FC 감독 부임 *2011*
이탈리아 국가대표팀 감독 부임 *2014*
첼시 FC 감독 부임 *2016*
인테르 밀란 감독 부임 *2019*
토트넘 홋스퍼 감독 부임 *2021*

Antonio Conte

PLAYER TITLES

이탈리아 세리에 A 리그 우승 5회 *1994/95, 1996/97, 1997/98, 2001/02, 2002/03*
이탈리아 슈퍼컵 우승 4회 *1995/96, 1997/98, 2002/03, 2003/04*
코파 이탈리아 우승 1회 *1994/95*
UEFA 챔피언스리그 우승 1회 *1995/96*
UEFA컵 우승 1회 *1992/93*
UEFA 슈퍼컵 우승 1회 *1995/96*
인터콘티넨탈컵 우승 1회 *1996*

MANAGER TITLES

이탈리아 세리에 A 리그 우승 4회 *2011/12, 2012/13, 2013/14, 2020/21*
이탈리아 세리에 B 리그 우승 1회 *2008/09*
이탈리아 슈퍼컵 우승 2회 *2012/13, 2013/14*
잉글리시 프리미어리그 우승 1회 *2016/17*
잉글리시 FA컵 우승 1회 *2017/18*

CONTENTS

PART I   PLAYER CONTE

CHAPTER 1   도전자에서 챔피언으로

CHAPTER 2   챔피언에서 또다른 도전자로

PART II | MANAGER CONTE

PLAYER

1985-2004

LECCE 1985-1991
JUVENTUS 1991-2004
ITALY 1994-2000

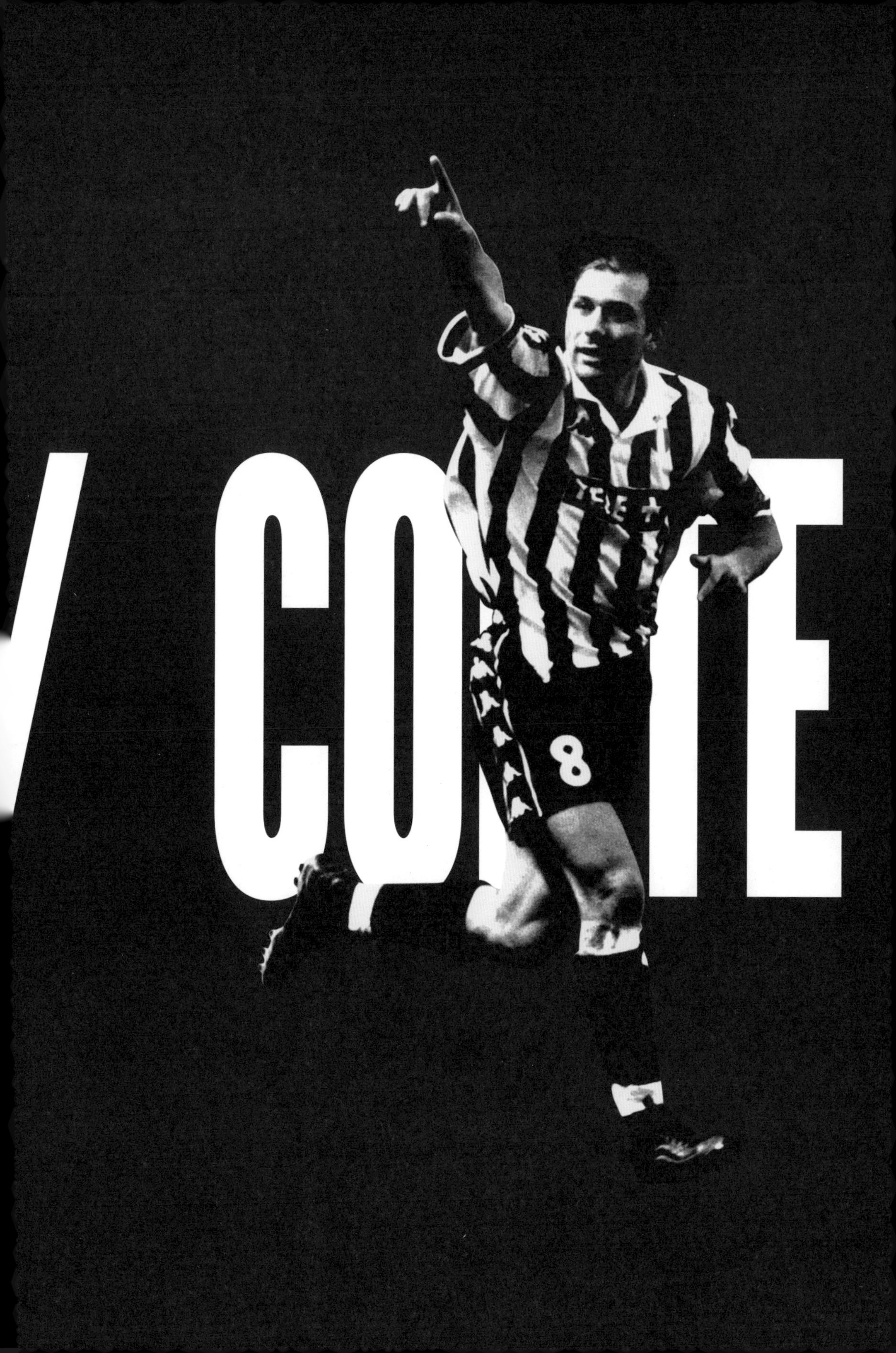

도전자에서
챔피1언으로

1985-1996

콘테의 선수 커리어 전반

콘테는 자신이 태어난 고장 레체를 대표하는 클럽 US 레체의 유스팀에서 축구를 시작한다.

그리고 유스 입단 3년 만에 1군 스쿼드에 진입해 세리에 A 데뷔라는 놀라운 성장세를 보인다.

어린 나이에 레체의 중요 자원이 된 그를 많은 이탈리아 클럽들이 눈여겨봤고,

특히 토리노의 두 라이벌 구단 유벤투스와 토리노 FC가 치열한 경쟁을 벌였다.

콘테의 선택은 우리가 알고 있는 역사와 같고, 그는 그곳에서 14년간 활약하며 전설로 남게 된다.

01

레체에서
토리노까지

레체는 이탈리아 남부 풀리아 주의 그리 크지 않은 도시다. 장화모양으로 생긴
이탈리아 지도 상으로는 뒷굽의 위치에 해당한다. 지중해성 기후로 여름에는
건조하고 덥지만, 겨울에는 강수량이 늘어나고 최저온도도 7~8도에 달하는
비교적 온화한 날씨가 지속된다. 이 도시에서 가장 유명한 건축물은 산타 크로체
성당이다. 산타 크로체 성당은 피렌체에 있는 건물이 가장 유명하지만, 레체의
산타 크로체 성당도 꽤나 인기 있는 관광지이다. 규모에 비해서 비교적 소박한
느낌을 주는 피렌체의 성당에 비해서 레체의 산타 크로체 성당은 바로크 양식으로
지어져 아주 화려한 느낌을 준다. 레체가 '남부 이탈리아의 피렌체'라는 소리를
듣는 이유이다.

콘테는 이 도시 레체에서 태어났다. 그의 아버지인 코시미노 콘테는 작은
사업체를 운영함과 동시에 아마추어 축구팀을 직접 운영했다. 덕분에 콘테는
어려서부터 자연스레 축구를 접하며 자랐고, 매일같이 거리로 나가 친구들과
어울려 공을 차며 놀았다. 콘테의 아버지는 콘테에게 늘 규칙을 정해 공부도
제대로 할 것을 원했는데, 이는 아마도 훗날 콘테가 팀 내 규율을 중시하는 데
영향을 끼쳤을 것이다.

콘테가 본격적으로 축구를 시작하게 된 것은 US 레체의 유소년팀에 입단하면서
부터였다. 콘테의 아버지는 아들이 학업을 등한시할까봐 처음에는 레체 입단
테스트를 보는 것을 찬성하지 않았는데, 콘테가 아버지를 직접 설득해 입단

테스트를 봤고, 당당하게 합격했다. 어린 콘테가 레체 유스에 입단하면서 받은 것이라곤 8개의 축구공과 약간의 돈 정도가 전부였다.

레체 유스팀에서 뛰던 청소년 선수 콘테에게 생각보다 빠르게 세리에 A 데뷔 기회가 찾아왔다. 85/86 시즌 당시 레체를 이끌던 에우제비오 파셰티 감독은 과감하게 콘테를 성인팀으로 승격시켰고, 2월부터는 벤치에 앉을 자리를 주기 시작했다. 1986년 4월 6일, 콘테는 피사와의 경기에서 후반에 교체출장해 10분간 뛰면서 마침내 세리에 A 데뷔전을 치렀다. 이어 다음 경기인 코모와의 경기에서 팀은 패했지만 90분을 모두 출전했다. 그의 나이 16세 8개월 때의 일이었다.

그 시즌 레체는 강등을 당했지만, 오히려 세리에 B에서 콘테는 더 큰 활약을 펼칠 수 있을 것으로 기대됐다. 그러나 콘테는 87년 정강이뼈 골절이라는 큰 부상으로 선수생활 자체가 불투명해지는 위기를 겪었다. 그의 축구 커리어 전체를 놓고 봤을 때 찾아온 첫 번째 시련이었다.

이 시기 레체를 이끌고 있던 감독이 카를로 마초네였던 것은 그에게 불행 중 다행이었다. 지금도 많은 감독들의 존경을 받는 마초네는 침착하게 콘테의 부상이 회복되기를 기다렸고, 그는 재활에 몰두해 약 1년 만에 다시 그라운드에 설 수 있었다. 1988년 10월 9일, 베로나와의 경기에서 콘테는 많은 팬들의 격려와 응원을 받으며 경기에 출전했다. 그리고 그때부터 콘테는 레체의 주전 미드필더로 완전히 자리잡기 시작했다. 1989년 5월 나폴리와의 경기에서는 커리어 사상 첫번째 골도 기록했다. 레체에겐 아쉽게도 그 골이 콘테가 레체 유니폼을 입고 넣은 유일한 골이 되고 말았지만 말이다.

레체는 콘테가 주전으로 도약한 88/89 시즌부터 90/91 시즌까지 세 시즌 동안 나름대로 세리에 A에서 선전을 펼쳤지만, 90/91 시즌에는 다시 강등을 피할 수 없었다. 18개팀 중에 무려 4팀이 강등당하는 당시 세리에 A의 험준한 시스템에서 소규모 클럽인 레체가 오랫동안 잔류하기란 불가능에 가까웠다. 이 시기 콘테와 함께 레체를 대표하는 선수로는 아르헨티나 대표로 1986 월드컵까지 들어올린 파스쿨리와 훗날 로마, 인테르에서 활약해 이탈리아 대표로 성장한 모리에로 정도가 있었는데, 모리에로 역시 콘테와 마찬가지로 이제 막 성장하는 단계에 있던 선수였다.

FASCETTI & MAZZONE

에우제니오 파셰티

Birth 1938. 10. 23

콘테를 처음 성인팀으로 이끈 파셰티는 선수 시절이나 감독 시절이나 한 팀에 오래 머무르는 타입은 아니었다. 그래도 유벤투스에 머물던 시절, 주역은 아니었지만 60/61 시즌 유일한 우승 경험이 있다. 파셰티의 감독 경력 중에 특이하고 대단한 점은 무려 5번이나 지도하던 팀을 세리에 B에서 A로 승격시켰다는 점이다. 그는 84/85 레체, 87/88 라치오, 89/90 토리노, 90/91 베로나, 96/97 바리에서 팀을 A로 승격시켰다.

카를로 마초네

Birth 1937. 3. 19

190cm에 달하는 키로 주로 센터백을 봤던 마초네는 자신의 선수생활 중 가장 오래 보낸 아스콜리에서 선수생활을 마무리짓고 감독도 아스콜리에서 시작했다. 마초네는 감독으로 1,000경기 이상 치러 이탈리아에서는 가장 경험이 많은 감독이며 세리에 A 경기만으로도 792 경기를 지휘했다. 마초네는 1975년부터 3년간 피오렌티나를 이끌었는데, 이때 피오렌티나를 리그 3위로 만들었고, 볼로냐를 이끌던 시절에는 UEFA 인터토토컵 우승과 98/99 시즌 코파 이탈리아 결승에 진출하기도 했다. 마초네는 2000년에 세리에 A로 승격한 브레시아의 감독을 맡았는데, 이때 그는 로베르토 바조, 안드레아 피를로, 루카 토니, 펩 과르디올라를 지도할 수 있는 기회를 가졌다. 많은 사람들이 안첼로티의 결단이라고 생각하지만, 피를로는 사실 마초네 감독 아래서 처음으로 공격형 미드필더가 아니라 딥라잉 플레이메이커로 기용됐다. 피를로가 가진 기술과 시야, 장거리 패스능력이라는 장점을 제대로 발휘할 수 있는 위치를 마초네 감독이 찾아준 것이다. 그리고 브레시아는 40년만에 승격한 이후 바로 강등당하지 않으면서 코파

이탈리아 준결승에도 진출했다. 로베르토 바조는 마초네를 자신의 선수 경력에서 만난 최고의 코치 중 하나라고 극찬했으며, 과르디올라 역시 마초네에게서 많은 것을 배웠다고 했다. 마초네는 감독생활 동안 여러 팀을 맡았지만, 늘 아스콜리에 마련한 집에 거주했다. 아스콜리 팬들이 마초네를 사랑할 수밖에 없는 이유이다.

02

트라파토니와
만나다

팀은 강등당했지만, 콘테는 여전히 투쟁적이고 성실하게 뛰는 미드필더였다.
그는 1부리그에서 뛰는 기간 동안 뛰어난 미드필더가 될 잠재력과 충분한
경쟁력이 있음을 증명했다. 그리고 이런 콘테를 눈여겨 본 감독이 있었으니,
바로 유벤투스를 이끌고 있던 지오반니 트라파토니였다.
1976년부터 1986년까지 유벤투스의 위대한 10년을 이끌었던 트라파토니
감독은 1991년 유벤투스로 돌아왔을 때 팀에 새로운 에너지가 필요하다고 느꼈다.
트라파토니 감독은 유벤투스를 떠나 인테르를 맡았을 때도 마테우스를 세계
최고의 선수로 만들었고 그래서 인테르는 오래간만에 다시 스쿠데토를 차지할 수
있었다. 유베로 돌아온 그에게는 향후 몇 년간 자신과 함께 할 새로운 타르델리와
새로운 시레아가 필요했다. 안토니오 콘테는 성장 가능성, 몇 년간 보여준
리그에서의 경쟁력 등 모든 면에서 트라파토니 감독이 새로운 타르델리라고
생각할 만한 선수였다.
콘테는 91/92 시즌 겨울 이적시장을 통해 레체에서 유벤투스로 이적했다.
지금이야 상상하기 어렵지만, 21살의 어린 콘테가 주눅이 들 만큼 당시
유벤투스의 선수들은 그야말로 쟁쟁한 인물들이었다. 로베르토 바조, 파울로
디 카니오, 살바토레 스킬라치 등등. 또 태양 가득한 레체의 해변가를 떠나
왠지 모르게 차갑고 냉정하게 느껴지는 토리노의 도시 생활에 적응하는 것도
쉬운 일은 아니었을 것이다.

트라파토니 감독은 바이에른뮌헨과의 친선 경기에서 처음 콘테를 선발로 내보냈다. 그러나 그는 그 경기에서 치명적인 패스미스로 실점의 빌미를 주고 말았다. 그러자 토리노의 지역신문들과 방송은 이 젊은 미드필더에게 가차없는 비판을 가했다. 유벤투스의 일원이 된다는 것은 나이와 상관없이 그렇게 엄격한 잣대를 적용할 수밖에 없는 것이다. 다음날 훈련장에 나온 콘테는 의기소침해 있을 수밖에 없었고, 이 때 그를 다시 일으켜준 건 트라파토니 감독이었다.

"아직도 어제 잘못한 걸 생각하고 있나? 제발, 그러지 말고 미래를 생각해봐. 너는 앞으로 몇 년 동안 여기 남아 있을 거야. 괜찮아."

콘테는 이때를 떠올리며 트라파토니가 있었기에 자신이 그렇게 오랫동안 유벤투스에서 선수생활을 할 수 있었다고 자주 언급한다. 어쩌면 트라파토니는 감독으로서 해야 할 당연한 위로와 격려의 말을 건넨 것에 불과할지 모르지만, 이 일로 콘테는 과거의 일보다는 미래를 생각하는 것, 다가올 일에 더 집중하는 법을 배울 수 있었다. 콘테가 선수로서, 현역 은퇴 후 감독으로서 축구와 함께하는 동안 갖게 된 중요한 원칙들 중 하나가 이 때 생겨났다. 콘테가 트라파토니를 스스럼없이 '제2의 아버지'라고 부르는 이유이다.

트라파토니 감독의 신뢰 아래 콘테는 유벤투스에서 서서히 자신의 입지를 늘려갔다. 처음에는 경기 후반부 막판에 몇 분 정도만 뛰던 선수였지만, 점차 출전시간이 늘어나 중요한 경기에서도 50분 이상 뛰는 선수가 됐다. 이적 초기에 로마나 인테르 같은 강팀과의 대결에서는 벤치에도 들지 못했지만 이후 나폴리나 라치오 등을 상대한 경기에서는 가장 먼저 교체로 투입되거나 선발로 나오기 시작했다. 콘테는 이제 유벤투스에서도 주요한 선수 중 하나로

이 실수를 통해서 나에겐 지단이나 바조 같은
재능이 없다는 것을 여실히 깨달았다.
나는 그들과 함께 플레이하고, 함께 훈련했다.
나는 그들이 완전히 상대에게 둘러싸여 있을 때도
어떻게 이를 극복하는지도 지켜봤다.
두 사람을 만났을 때 나는 이러한 자질이
얼마나 희귀한 것인지 알았고,
그 대신 나의 장점은 규칙을 잘 따르는 것,
성실과 노력이라는 것을 알았다.
나는 팀을 위해 내 몸을 희생할 준비가
되어 있었기에 유벤투스에서 뛸 수 있었다.
하지만 근처에 공을 넘겨줄 동료가 없다면
나는 공을 잃어버릴 것이다.
지단은 공을 지키고 어려움에서 벗어날 수 있다.
감독이 되었을 때 첫 번째로 든 생각은
공이 선수들에게 왔을 때 선수들을 위한
해결책을 찾고 싶다는 것이었다.
나는 그들이 더 쉽게 공을 패스할 수 있는
동료를 제공하고 싶다.

떠올랐다.

91/92 시즌 코파 이탈리아 결승에서 콘테는 파르마와의
2차전에서 팀이 2-0으로 지고 있던 경기 마지막에 퇴장을
당하고 말았다. 홈에서 열린 1차전에서 1-0으로 이겨 합산
스코어로는 1골만 뒤지고 있던 상황이었다. 유벤투스는
결국 수적 열세를 극복하지 못하고 추가골을 허용하며
파르마에게 코파 이탈리아 우승컵을 넘겨줬다. 유벤투스
이적 초기의 콘테라면 자책하며 괴로워했겠지만, 이미
콘테에게는 자신에 대한 굳건한 믿음이 있었다. 그는
더 이상 주눅들지 않았다. 콘테는 92/93 시즌부터
완전하게 주전으로 올라서면서 트라파토니 감독이 가장
신뢰하는 미드필더가 되었다.

콘테와 트라파토니가 함께하는 동안 유벤투스가 다시
세리에 A에 정상에 서지는 못했지만, 콘테는 유벤투스의
핵심이자 리그에서도 인정받는 미드필더로 완전히
자리잡았다. 리그 우승은 달성하지 못했으나, 유럽

무대에서의 성과는 있었다. 유벤투스는 92/93 시즌 UEFA컵
우승을 차지했고, 로베르트 바조가 바로 이 때의 활약을
바탕으로 1993년 발롱도르를 수상했다. 당시 UEFA컵의
권위는 현재 유로파리그와 비교할 수 없는 수준으로 높았다.
콘테는 도르트문트와의 결승 1차전에는 출전했지만, 그 때
경고를 받는 바람에 2차전에는 출전할 수 없었다. 한편으로
결승전에서 본의 아니게 빠지게 되는 일이 두 번이나
발생하자 이때부터 콘테에게는 '뭔가 좀 결승전과는 인연이
없는 불운한 사나이' 같은 이미지도 생겼다.

그러나 과거를 아쉬워할 필요는 없었다. 94/95 시즌
트라파토니 감독이 떠난 뒤 새롭게 마르첼로 리피 감독이
부임하게 됐고, 콘테는 여전히 유벤투스의 핵심 미드필더로
활약하며 리피와 함께 수많은 우승컵을 들어올리게
될 테니까.

Giovanni TRAPATTONI

지오반니 트라파토니

Birth 1939. 3. 17

콘테가 '제2의 아버지'라고 생각하는 트라파토니는 역대 이탈리아 출신 감독들 중 가장 많은 우승을 경험한 인물이다. 선수 시절도 화려한데 1960년대 밀란의 주축 수비수로 활약하며 2번의 스쿠데토와 2번의 챔피언스리그 우승을 차지했다. 자연스레 감독 생활도 밀란에서 먼저 시작했지만, 우승에는 실패했는데 이후 유벤투스의 감독을 맡으면서 10년간 유벤투스 왕조를 구축했다. 1976년부터 86년까지 10년간 트라파토니의 유베는 리그 6회, 코파 이탈리아 2회, 챔피언스리그 1회, 컵위너스컵 1회, UEFA컵 1회 등 수많은 우승 트로피를 거머쥐었다. 유베 이후에는 게르만 삼총사를 앞세워 오래간만에 인테르에 우승을 선사하기도 했고, 90년대에는 독일 분데스리가로 건너가 바이에른뮌헨에서도 리그 우승을 차지했다. 이후 벤피카와 잘츠부르크에서도 우승을 차지한 트라파토니는 1970년대, 80년대, 90년대, 2000년대에 모두 리그 우승을 차지한 대단한 감독이다.

트라파토니의 '조나 미스타' 전술

1970년대부터 1980년대까지 유벤투스가 10년간 철옹성을 구축하고, 이탈리아가 1982년 월드컵에서 우승을 차지한 것은 모두 트라파토니가 고안한 전술 '조나 미스타(Zona Mista)' 덕분이었다. 영어로는 'Mixed Zone'이라고 부르는 이 전술은 이탈리아 특유의 카테나치오를 당대에 맞게 발전시킨 전술로 비대칭적인 백4와 리베로를 두는 것이 특징이었다. 당시 유벤투스에는 파케티의 후계자로 불리면서 공수에서 좋은 밸런스를 갖춘 좌측 풀백 카브리니와 든든한 수비수 젠틸레, 그리고 바레시와 더불어서 가장 뛰어난 스위퍼로 평가받는 시레아가 모두 속해 있었다. 82년 이탈리아 대표팀 역시 이런 유벤투스의 수비진을 그대로 가져갔고, 나머지 수비수 한 명은 주로 콜로바티나 베르고미가 번갈아가며 섰다. 기본적으로 좌측에는 전문 풀백이 서지만, 우측은 우측 미드필더 혹은 윙어를 기용해서 비대칭적인 백4를 구성했고, 이는 상황에 따라 백4와 백3를 오가는 유연한 전술이었다.

이 비대칭적인 시스템의 핵심은 전통적인 카테나치오의 대인방어와 네덜란드에서 시작된 토탈풋볼의 지역방어 시스템을 혼합하여 강력한 수비력을 구축하고, 수직적인 움직임을 강화해 빠른 역습을 추구하는 데 있었다. 트라파토니는 '공의 소유 그 자체는 중요하지 않다. 공을 소유하지 못해도 확실하게 골을 넣는 편이 낫다'는 철학으로 그가 맡았던 팀들은 거의 수비력이 좋은 편이었다. 한편으로, 트라파토니는 공격에 있어서는 플라티니나 로베르토 바조와 같이 천재적인 선수들의 자유도 최대한 보장해주면서 만족할 만한 득점력도 갖췄다. 그는 감독을 하는 동안 백4와 백3에 구애받지 않고 4-4-2 / 4-1-4-1 / 4-3-1-2 / 4-2-3-1 / 3-4-1-2 / 3-4-3 등 다양한 포메이션을 사용했는데, 이미 1970년대에 조나 미스타를 고안했기에 팀 사정에 따라서 유연한 시스템을 추구할 수 있었고 그를 활용해 대부분 좋은 성과를 거뒀다. 트라파토니는 전술적 부분에서만 강점이 있는 것은 아니었다. 콘테와의 일화에서 알 수 있듯이 그는 선수단 관리와 동기부여를 주는 데도 능한 감독이었고, 그렇기에 그토록 많은 우승을 차지할 수 있었던 것이다.

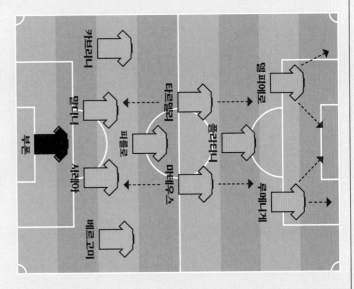

팀 트라파토니
ALL-TIME BEST 11
4-4-2 / 4-1-4-1

GK	부폰
LB	카브리니
CB	말디니
CB	시레아
RB	베르고미
DM	피를로
CM	타르델리
CM	마테우스
AM	플라티니
FW	델 피에로
FW	루메니게

03

밀란 꺾고 정상에 오른
유벤투스와 콘테

유벤투스는 리피를 선임하면서 새로운 변화를 택했다. 1970~80년대 유벤투스
영광의 시대를 이뤄낸 트라파토니 감독의 재선임은 결과적으로 실패로 끝났다.
이 시기 유벤투스는 먼저 혁신에 성공한 밀란에게 뒤쳐진 느낌이었고, 밀란은
사키의 뒤를 이어 카펠로가 감독을 맡으면서 점점 더 강해지고 있었다. 밀란은
리그 4연패를 노리는 팀이고, 챔피언스리그에서는 이미 5번이나 우승한 당대 유럽
최고의 팀이었다. 이에 유벤투스도 파격적인 선택을 통해서 변화하려는 몸부림을
치고 있었다.

리피의 부임과 더불어서 유벤투스는 구단 운영진도 전면 개편에 들어가 이때부터
로베르토 베테가, 안토니오 지라우도, 루치아노 모지 등이 수면 위로 등장하게
된다. 이 세 명의 구단 운영진은 트리아데(triade; 삼인방)으로 불리며 종종 로마
제국의 삼두정치와 비교되곤 했다. 이들은 이후 10년 이상 유벤투스가 다시한번
이탈리아와 유럽에서 가장 경쟁력 있는 클럽으로 자리잡는 데 큰 역할을 했다.
(칼초 폴리 사건이 터지기 전까지는 그랬다…)

새롭게 부임한 리피 감독은 유벤투스가 더 역동적이고 많이 뛰는 팀으로 만들길
원했다. 그래서 부임 첫 해에는 다른 포지션보다 미드필더들의 보강에 좀 더
신경을 썼다. 디디에 데샹, 파울루 소자, 알레시오 타카나르디 등 우수한
미드필더들이 모두 당시 영입됐다. 이들은 콘테에게 있어서는 강력한 경쟁자가
될 수도 있지만, 리피 감독에게는 다 계획이 있었다.

1994년 9월 4일, 리피의 유벤투스가 브레시아와의 리그 개막전을 치렀다. 다이아몬드 4-4-2 형태의 포메이션으로 나온 경기에서 콘테는 수비형 미드필더 자리에 위치해 수비진을 보호함과 동시에 공격진인 바조, 비알리, 델 피에로를 보좌하는 역할을 맡았다. 경기장을 폭넓게 움직이며 팀의 밸런스를 잡아주던 콘테는 후반 55분에 비알리의 어시스트를 받아 헤더로 선제골까지 기록했다. 리피의 유벤투스 공식전 첫 번째 득점자는 바조도, 델 피에로도, 비알리도 아닌 안토니오 콘테였다.

비록 경기는 80분에 동점골을 내주면서 1-1로 비기고 말았지만, 콘테는 뛰어난 활약을 펼쳤다. 콘테는 부상으로 빠졌던 기간을 제외하면 시즌 내내 포메이션과 상관없이 대부분 선발로 나왔으며, 리피 감독은 미드필더들의 출전시간을 적절하게 배분하면서 점점 더 강한 팀을 만들어 갔다.

위기가 없던 것은 아니었다. 홈에서 열린 5라운드 인테르와의 경기에서 0-0 무승부를 거두고 이어 포지아와의 경기에서 2-0으로 패한 것은 리피의 아이디어가 아직 선수들에게 제대로 스며들지 못했다는 증거였다. 리피는 전술 변화의 필요성을 느끼며 몇몇 핵심 선수들과 함께 논의해 위기에 대응하기로 했다. 비알리는 더 공격적인 포메이션이 필요하다며 3톱으로의 전환을 주장했고, 리피는 이를 받아들여 바조에게 팀의 밸런스를 위해 희생정신을 가질 것을 주문했다.

잠시 주춤했던 유벤투스는 곧바로 반등했다. 포지아전 이후 UEFA컵 마리티모와의 포르투갈 원정 경기에서 곧바로 승리를 거두었고, 이후 크레모네세와의 경기에서도 승리했다. 중간에 코파 이탈리아 레지아나와의 16강 2차전 경기는 패했지만, 이미 1차전에서 승리를 거둬 8강에 진출할 수 있기에 크게 의미를 두기는 어려웠다. 그보다는 8라운드에서 맞대결을 펼칠 밀란과의 경기가 유벤투스에게는 진정한 시험대였다. 그리고 유벤투스는 승리를 가져왔다. 득점은 전반 막판에 디 리비오의 패스를 받은 바조의 골 하나뿐이었지만, 내용상으로 밀란을 압도한 경기였다. 미드필드부터 확실하게 장악한 유벤투스는 상대의 공이 전진하는 것을 제대로 막아냈고, 반대로 공격할 때는 빠르게 공을 전방까지 전달했다. 알베르티니와 데사이를 무기력하게 만든 것은 물론 콘테의 역할도 컸다. 밀란을 이끌고 수많은 우승을 차지했던 카펠로 감독이 가장 무력감을 느꼈던 경기가 바로 이 유벤투스와의 대결이었다. 이때부터 리피

감독과 선수들은 '밀란을 넘어설 수 있다'는 확신을 갖기 시작했다.

94/95 시즌 유벤투스는 리그에서 25경기를 치르는 동안 단 3패만을 기록했을 정도로 강력한 모습을 보였다. 자신감이 붙은 선수들은 지고 있던 경기에서도 여러 차례 역전극을 만들어냈다. 12라운드 피오렌티나와의 경기에서 0-2로 지고 있다 3-2로 뒤집어낸 것, 선두경쟁을 하던 파르마와의 15라운드 경기에서 전 유벤투스 소속 디노 바조에게 골을 허용해 0-1로 지고 있다 3-1로 역전을 하는 등 유벤투스는 늘 위기를 극복하며 착실하게 승점을 쌓아갔다.

25라운드에서는 다시 밀란과 만나 이번에는 라바넬리와 비알리의 골로 원정에서도 0-2로 승리했다. 이제 더 이상 밀란은 유벤투스의 적수가 아니었다. 25라운드 종료 후, 유벤투스는 2위팀 파르마와의 승점차를 9점까지 벌려놨다. 그리고 UEFA컵에서도 4강 상대 도르트문트를 꺾고 결승에 진출했다. 시즌이 시작했을 때 밀란을 넘어서기 버거워 보였던 유벤투스는 이제 세리에 A와 UEFA컵 모두를 노릴 수 있는 팀으로 발전했고, 코파 이탈리아에서도 결승에 진출했다. 이탈리아 클럽 역사상 최초로 트레블을 달성할 수도 있는 팀이었다. 물론 유럽대항전 타이틀이 UEFA컵이 아니라, 챔피언스리그였다면 더 좋았겠지만 말이다.

팀이 거침없이 상승세를 타는 동안 스포트라이트는

않은 편이었고, 토리노 외곽에 위치하고 있어 접근성도
떨어졌다. 그래서 평균 관중은 4만명대에 불과했다.
유벤투스 측은 더 많은 관중을 불러들이기 위해 주세페
메아차를 홈구장으로 사용하길 원했다. 주세페 메아차는
1990년 이탈리아 월드컵을 앞두고 증축해 거의 9만명을
수용할 수 있었던 이탈리아 최고의 구장이었다. 실제로는
안전상의 이유로 이 정도까지의 인원이 입장한 적은 없지만,
이탈리아 더비나 밀라노 더비 같은 대형 이벤트가 열리면
보통 7만 5천명 정도 이상이 들어찼다. 유벤투스는 많은
관중 앞에서 열광적인 응원을 받으며 좋은 결과를 얻기를
원했을 것이다. 그러나 유벤투스는 주세페 메아차에서 치른
도르트문트와의 경기도, 파르마와의 경기도 모두 승리하지
못했다. 만약에 유벤투스가 그냥 델레 알피에서 홈경기를
치렀다면 역사는 달라졌을까?

아쉽게 UEFA컵 준우승을 그친 유벤투스는 리그 우승만큼은
놓칠 수 없었다. UEFA컵 결승 2차전 다음 경기인 세리에 A
32라운드 상대 역시도 파르마. 그때까지 승점 7점 차이의
여유가 있었지만, 이 경기마저 패하게 된다면 승점이
4점차로 좁혀지면서 스쿠데토는 장담할 수 없는 상황이었다.
파르마는 UEFA컵 결승 2차전과 거의 동일한 라인업으로
나왔지만, 유벤투스는 달랐다. 콘테의 공백을 해결하기 위해
리피 감독은 데샹과 타키나르디를 모두 선발로 투입했다.
지난 UEFA컵 결승전보다 수비와 미드필드에서 더 단단한
팀이 되기를 원했고, 이는 결과로 나타났다. 팀이 밸런스를
찾고 안정적이 되니 자연스레 공격진들이 크게 활약했다.
이 경기에서 로베르토 바조는 무려 3개의 어시스트를
기록하면서 팀을 이끌었고, 라바넬리가 2골, 비알리가 1골,
데샹이 1골을 넣으면서 4-0의 완승을 거뒀다. 이 승리로
파르마와의 승점을 10점 차이로 벌리며 남은 2경기 결과와
관계없이 리그 우승을 확정 짓게 되었다. 비록 콘테는
이 경기에 뛸 수 없었지만, 자신의 커리어에서 처음으로
리그 우승을 달성하는 순간을 누릴 수 있었다.

세리에 A가 끝난 뒤 열린 코파 이탈리아 결승, 이번에도
상대는 파르마였지만 더 이상 유벤투스는 파르마에게
패하지 않았다. 1차전과 2차전 모두 완승을 거뒀고
유벤투스는 이탈리아 내에서는 리그와 컵, 두 개의 트로피를
거머쥐며 왕의 귀환을 알렸다. 콘테는 부상에서 회복해
파르마와의 코파 이탈리아 결승 2차전에는 출전할 수
있었다.

비알리와 라바넬리 그리고 바조를 넘어서기 시작한
델 피에로에게 맞춰져 있었다. 미드필드에서는 파울루
소자가 가장 각광받는 선수였다. 하지만, 이런 성과는 강력한
투쟁심을 앞세워 활발하게 뛰던 콘테가 든든하게 이들의
뒤를 잘 받쳐줬기 때문이기도 하다.

실제로 유벤투스는 콘테가 부상으로 빠지게 된 4월말부터
삐걱거리기 시작했다. 29라운드 피오렌티나와의 경기에서
1-4의 대승을 거뒀지만, 그 뒤 파르마와의 UEFA컵 결승
1차전과 30라운드 라치오와의 홈경기를 모두 패했다. 95년
5월 17일 홈에서 열린 파르마와의 UEFA컵 결승 2차전에선
비알리가 선제골을 넣으면서 승부를 원점으로 되돌렸지만,
다시 한번 디노 바조가 득점을 하면서 1, 2차전 합계 1-2로
끝내 UEFA컵 우승은 파르마에게 돌아갔다. 이번에도 콘테는
부상으로 결승전 2경기에 모두 출전할 수 없었다.

한가지 재미있는 건, 유벤투스는 홈에서 열린 UEFA컵 결승
2차전을 당시 자신들의 홈구장이었던 델레 알피에서 치르지
않았다는 것이다. 정확하게 말하자면, 유벤투스는 UEFA의
허락을 받아 4강전인 도르트문트와의 경기부터 홈구장을
델레 알피가 아니라 밀란과 인테르의 홈인 주세페 메아차
(산시로)에서 치렀다. 당시 델레 알피는 69,000석으로 꽤
큰 규모의 경기장이었지만, 육상트랙이 설치되어 있는
종합경기장이어서 관중들이 경기를 관전하기에 시야가 좋지

Marcello LIPPI

마르첼로 리피

Birth 1937. 3. 19

트라파토니가 콘테에게 아버지와 같은 존재라면 리피는 콘테에게 수많은 트로피를 안겨준 인물이다. 활동량에 기반하는 축구를 추구하는 리피는 선수 콘테의 전성기를 함께한 감독이다. 배우 폴 뉴먼을 닮은 잘생긴 얼굴에, 시가를 입에 문 백발의 노신사 같은 이미지가 매우 인상적이다. 리피는 삼프도리아에서 수비수로 오랫동안 선수생활을 하긴 했지만, 크게 주목받는 선수는 아니었다. 이탈리아 대표팀 경력도 1970년대 잠깐 23세 이하 팀에 뽑힌 것이 전부이다. 그러나 리피는 늘 삼프도리아에서의 경험이 감독을 하는 데 큰 도움이 되었다고 말했으며 1982년 34살의 나이로 은퇴했을 때도 바로 삼프도리아의 유스팀부터 시작해 지도자의 길을 걸었다.

감독 초기에는 하부리그에서 주로 감독을 맡았고, 1990년대 들어 아탈란타와 나폴리를 맡아 연달아 좋은 성적을 거두면서 이탈리아의 젊은 감독들 중 가장 두각을 나타내는 인물이 되었다. 나폴리에서는 단 1년 머물렀지만, 치로 페라라와 파비오 칸나바로를 지도한 경험으로 두 선수를 모두 훗날 유벤투스로 데려올 수 있었다. 나폴리에서의 성과를 바탕으로 개혁을 원하던 유벤투스의 감독에 부임하게 되는데, 이때 곧바로 리그 우승을 차지하면서 단숨에 리그 최고의 감독으로 떠올랐다. 리피는 유벤투스에서만 리그 5회, 챔피언스리그 1회의 우승을 차지했고, 특히 96년부터 98년까지 챔피언스리그 3회 결승 진출이라는 엄청난 위업도 달성했다. 리피는 당시 독주하던 밀란과 카펠로의 강력한 대항마였고 당대 이탈리아 클럽들이 유럽에서 가장 강력한 힘을 발휘하는 데 큰 영향을 끼쳤다. 하지만 인테르의 감독을 맡던 시기에는 선수단은 물론, 구단과도 불화를 겪으면서 잠시 주춤하기도 했었다.

2004년을 마지막으로 유벤투스 감독에서 물러난 뒤 이탈리아 대표팀을 맡았는데, 2006년 독일 월드컵에서 우승을 달성하면서 감독 커리어의 절정을 맞이한다. 리피는 유달리 결승에서 승부차기와 인연이 많았는데, 우승을 차지한 95/96 아약스와의 챔피언스리그 결승과 프랑스와의 2006 월드컵 결승 모두 승부차기 끝에 차지한 우승이었다. 02/03 챔피언스리그 결승은 밀란에게 패하며 준우승에 만족해야 했지만 말이다.

2006년 월드컵 우승 이후 이탈리아 대표팀에서 물러났던 리피는 유로 2008 이후 다시 이탈리아 대표팀을 맡았

다. 그러나 2010년 남아공 월드컵에서는 과거의 고집대로 선수를 선발하다가 디펜딩 챔피언이 조별 라운드에서 탈락하는 수모를 겪으면서 체면을 구겼다. 그것도 파라과이, 뉴질랜드, 슬로바키아와 함께 구성된 '쉬운' 조에서의 결과였기에 타격이 더 컸다. 이 실패로 인해 리피는 이탈리아를 떠나 중국으로 향하는데, 당시 중국은 '축구굴기'를 주창하면서 리그에 파격적인 투자를 시도하던 중이었다. 리피는 광저우 헝다를 맡아 2012년부터 3년 연속으로 리그 우승을 차지했고, 2013년에는 AFC 챔피언스리그에서도 우승을 차지했다. 중국리그 클럽으로는 15년 만의 AFC 챔피언스리그 우승이었다. 결승에서 광저우 헝다에게 패배한 팀이 바로 한국의 FC 서울이었다. 정확히는, 1차전 2-2 무승부, 2차전 1-1무승부의 결과였으나, 원정 다득점 우선 원칙에 의해 광저우가 우승을, 서울이 준우승을 차지했다.

2016년부터는 중국 국가대표팀을 맡았지만, 지상과제였던 2018 러시아 월드컵 진출에 실패했고, 2019 아시안컵에서도 한국, 이란에게 패배하며 아시아 최정상권 팀과 중국과의 격차만 확인한 셈이 됐다. 아시안컵이 끝난 뒤 잠시 지휘봉을 내려놓았던 리피는 중국축구협회의 간곡한 요청에 따라 2019년 다시 한번 중국 대표팀을 맡지만, 두 번째 경기만에 시리아에게 패하면서 결국 자리에서 물러났다. 이후 2020년 10월 감독 커리어를 마감한다는 공식 발표를 하기에 이른다.

리피는 감독을 하는 내내 선수들에게 활동량과 기동성을 강조하던 감독이었다. 이는 콘테의 강점과도 일치했기에 리피는 늘 콘테를 신뢰하고 중용할 수밖에 없었다. 콘테는 리피의 페르소나 같은 선수였다. 콘테는 감독이 어떻게 해야 선수단에게 자신의 생각을 명확하게 전달할 수 있는지 마르첼로 리피를 보고 배웠다고 밝힌 바 있다.

04

진정한
유럽 챔피언이 된
콘테

리피 감독 아래서 세리에 A 우승을 차지하게 된 콘테는 육체적으로도 정신적으로도
한단계 더 성장한 선수가 되었다. 트라파토니가 그에게 중압감에 대처하는 법을
알려줬다면, 리피는 승리하는 습관을 알려줬다. 콘테를 비롯한 유벤투스 선수들에게
'위닝 멘탈리티'가 생긴 것이다. 리피는 선수들과 의사소통하는 과정에서 로베르토
바조처럼 다소 불편한 관계도 생겼지만, 콘테는 리피의 강력한 지지자였고, 리피 역시
콘테를 매우 신뢰했다.

콘테는 리피가 훈련장이나 경기장에서 선수들을 지휘하는 모습을 보면서 감독에게는
정말 다양한 능력이 필요하다는 것을 깨달았다. 어떤 감독들은 훌륭한 아이디어와
전술적인 비전이 있지만, 좀처럼 그것을 선수들에게 전달하지 못하는 경우가 있다.
하지만, 리피는 훈련에서 자신의 생각을 제대로 전달할 수 있는 사람이었으며, 콘테는
이러한 리피의 코칭 스킬에 매우 감탄했다. 아직은 막연하지만, 콘테는 언젠가
선수생활을 그만둔다면 감독을 하고 싶다는 생각을 하게 됐다.

1995/96 시즌은 유벤투스와 콘테에게 약간의 아쉬움과 큰 영광이 공존하는
시즌이었다. 일단 리그에서는 밀란과 제법 큰 격차가 나면서 2위에 머물렀다. 전 시즌
유벤투스에게 밀린 것에 충격이 컸던 밀란은 로베르토 바조와 조지 웨아를 동시에
영입하면서 공격진을 크게 강화했다. 두 선수는 모두 34개의 공격포인트를 기록하면서
은퇴한 판 바스턴의 공백을 완벽하게 메웠다.

하지만 챔피언스리그에서는 플라티니 시절에 이어 구단 역사상 두번째로 우승을

차지했다. 도르트문트, 스테아우아, 레인저스와 함께 C조에
속한 유벤투스는 첫 4경기를 모두 승리하면서 일찌감치 8강
진출을 결정지었다. 조별 라운드를 수월하게 통과할 수
있었던 것은 10년만에 돌아온 챔피언스리그 첫번째
경기였던 도르트문트 원정에서의 승리가 결정적이었다.
1990년대 초반부터 중반까지 유벤투스와 도르트문트는
유럽무대에서 자주 만나는 라이벌이었다. 두 팀은 92/93
시즌 UEFA컵 결승에서, 또 94/95 시즌에는 준결승에서
만나 치열한 경기를 펼쳤다. 첫 맞대결이었던 92/93
결승에서는 두 경기 모두 유벤투스가 3골씩 넣으면서
압도했지만, 94/95 시즌 준결승에서는 팽팽한 승부 끝에
1골 차이로 유벤투스가 결승에 진출했다. 도르트문트는
유벤투스를 상대로 점점 적응력을 키워가고 있었다. 게다가
유벤투스는 주장이자 주전 공격수였던 비알리와 라바넬리가
모두 결장해 어려움이 예상됐다. 여전히 부담스러웠겠지만,
도르트문트가 유벤투스를 넘어서기에 좋은 기회처럼 보였다.
실제로 경기 시작하자마자 안드레아스 묄러에게 실점을
하면서 유벤투스의 출발은 좋지 않았다. 같은 조에서 가장
어려운 상대와의 원정경기, 그것도 시작하자마자 1–0으로
끌려가는 것은 아무리 유벤투스라고 해도 쉽지 않은
상황이었다. 하지만 '주장' 콘테는 팀을 잘 다독이면서 결국
역전승을 이끌어냈다. 강렬한 투쟁심과 남다른 승부욕을
가진 콘테에게 이 경기에서 주장을 맡긴 리피의 혜안이
빛나는 순간이었다. 처음으로 주장 완장을 차고 경기에 임한
콘테는 85분간 뛰어난 활약을 펼치면서 팀이 3–1로
역전승을 거두는 데 크게 공헌했다. 이 승리로 자신감이
붙은 유벤투스는 첫 4경기 모두 3골 이상을 기록하면서
압도적인 위용을 과시했다.

8강 레알마드리드와의 경기는 원정에서 1–0으로 패하고
돌아왔지만, 홈에서는 델 피에로의 활약에 힘입어 2–0으로
승리하고 준결승에 진출했다. 콘테는 이 두 경기에서 각각
다른 두 포지션을 소화했다. 한 번은 측면에서, 한 번은
중앙에서 미드필더로 뛰면서 레알마드리드의 공격을
일차적으로 잘 막아냈다. 낭트와의 4강전은 생각보다 훨씬
어려운 경기였다. 콘테가 결장했던 1차전을 2–0으로
승리했기에 무난하게 유벤투스의 결승진출이 예상됐지만,
2차전에서는 홈팀 낭트의 반격도 만만치 않았다. 비알리와
파울루 소자의 골로 후반 68분까지 2–1로 앞서고 있던
유벤투스는 이후 2골을 내주면서 3–2로 역전패를 당하고
말았다. 후반전 말미로 갈수록 유벤투스는 크게 흔들렸는데,

콘테 역시 예외는 아니었다. 그래도 합산 스코어 4-3으로 85년 이후 11년만에 결승 진출에 성공했다.

이탈리아 로마의 올림피코 스타디움에서 열린 결승전 상대는 바로 직전인 1994/95 시즌 우승을 차지했던 아약스였다. 세도르프가 삼프도리아로 떠났지만 리트마넌, 판 더 사르, 클라위베르트, 데 부어 형제, 다비즈, 카누 등등 여전히 젊고 대단한 능력을 가진 선수들로 구성된 팀이었다. 어린 선수들의 잠재력을 최대한 발휘하게 만들면서 우승을 차지한 판 할 감독의 지도력도 당시에는 리피보다 높게 평가받기도 했다. 더구나 아이러니하게도 로마에서 결승전이 열리는 것도 유벤투스에게 유리한 상황만은 아니었다. 결승을 보러 온 로마나 라치오의 팬들이 유벤투스를 응원할 리는 없었으니까.

전반 12분 라바넬리의 선제골로 유베는 앞서 나갔지만, 아약스가 좌측윙어 키키 무삼파의 빠른 발을 활용해 유벤투스를 괴롭히기 시작했다. 그러자 리트마넌과 로날드 데 부어도 유베의 중원을 괴롭혔고, 전반 마지막에 세트피스 상황에서 리트마넌에게 동점골을 내주고 말았다. 결승전의 불운은 이번에도 콘테에게 찾아왔는데, 전반이 끝나기 직전에 콘테가 부상으로 빠지게 된 것이다. 아이러니하게도 콘테와 충돌한 선수는 나중에 유벤투스에서 동료로 만나게 되는 다비즈. 선수로서 경험할 수 있는 가장 높은 무대에서, 가장 절정의 순간에 콘테는 허탈하게 물러날 수밖에 없었다. 유벤투스에게는 다행히도 콘테를 대신해 들어간 유고비치가 경기가 끝날 때까지 준수한 활약을 펼치면서 경기의 주도권을 되찾는 데 도움이 되었다. 후반전에 양 팀은 치열하게 경기를 펼쳤지만 결국 경기는 연장까지 들어가서도 더 이상 득점이 나오지 않아 끝내 승부차기까지 가기에 이르렀다.

승부차기는 아약스의 선축. 일반적으로 선축이 성공한다면 꽤 유리하기에 유벤투스는 긴장했지만, 아약스의 1번 키커 다비즈의 실축으로 유벤투스에게 기회가 왔다. 유벤투스는 이후 페라라부터 페소토, 파도바노까지 3번 연달아 성공시키면서 승기를 잡았다. 아약스는 이 부담감을 이기지 못하고 4번째 키커인 소니 실로이까지 실패하면서 유벤투스가 크게 유리해졌고, 유벤투스의 4번 키커인 유고비치가 침착하게 성공시키면서 마침내 유벤투스는 11년 만에 다시 유럽 정상에 올랐다.

승리에 환호하며 경기장으로 들어가던 콘테는 격렬한 통증을 느꼈다. 그가 다비즈와 충돌한 이후 입은 부상은 단순한 타박이 아니었고, 근육아래 많은 내출혈이 있는 큰 부상이었다. 토리노로 돌아온 뒤 그는 한동안 병원 신세를 질 수밖에 없었다.

비록 결승에서의 아쉬움이 있었어도 콘테는 유벤투스로 이적한 지 2년 만에 세리에 A와 챔피언스리그 우승이라는 업적을 달성했다. 다시 한 번 유벤투스의 황금시대가 열리는 순간이었고, 콘테는 그 중에서도 중요한 선수였다.

리피가 처음 유벤투스를 맡았을 때 이 정도의 성과를 거둘 것이라고 예상한 사람은 거의 없었다. 리피의 부임 초기에 유벤투스는 많이 뛰기만 하는 '노동자 축구'라며 비판 섞인 소리를 듣기도 했다. 여전히 판타지스타에 대한 향수가 강한 이탈리아 축구팬들이었기에 활동량이 강조되는 전술이나 로베르토 바조를 라이벌인 밀란으로 이적시킨 행위 등에 많은 비판이 있었다. 그러나 리피는 결과로 증명했다. 비록 스쿠데토는 밀란에게 내줬지만, 리피와 유벤투스 그리고 콘테는 유럽무대 정상에 섰다.

리피의 노동자 축구에 콘테는 너무나도 적합한 '노동자 미드필더'였다.

CHAPTER 2

챔피1언에서
또다른
도전자로

1997-2004

콘테의 선수 커리어 후반

콘테는 세리에 A에서, 유벤투스에서 이룰 수 있는 것은 거의 다 이뤘다.
커다란 족적을 남겼다고 보기는 어려우나 이탈리아 국가대표로도 월드컵과 유로에 출전하는 등
남부럽지 않은 커리어를 쌓았다. 하지만 챔피언스리그 결승전만큼은 다소 아쉬움이 남았다.
팀은 우승을 차지했지만, 자신의 플레이는 흡족스럽지 않았다.
99%의 성취도를 가진 선수였지만, 1%가 모자란 것처럼 느껴졌다.
그 1%가 그를 감독이라는 새 커리어에 도전하게끔 만들었을지도 모를 일이다.

01

또다시 찾아온
부상이라는 불운

2년 동안 두 번의 큰 대회에서 우승을 차지한 콘테는 이제 명실상부하게 이탈리아에서 가장 중요한 선수 중에 한 명이었다. 리피와 함께라면, 유벤투스와 함께라면 어떤 대회라도 우승할 수 있을 것 같았고 늘 그 자리에는 콘테가 함께 할 것만 같았다. 비알리와 라바넬리가 떠나면서 자연스레 콘테는 유벤투스의 주장이 되었고, 그는 더 강한 책임감을 갖고 팀이 모든 대회에서 우승할 수 있도록 만들고 싶었다.

1996/97 시즌 유벤투스는 다시 한 번 세리에 A를 우승했고, 2년 연속으로 챔피언스리그 결승에 올랐지만, 그 자리에 콘테는 없었다. 콘테는 1996년 10월에 당한 심각한 부상으로 인해 시즌 대부분의 경기에 나오지 못했다. 이탈리아 대표팀으로 조지아와의 경기를 치르는 도중 좌측 십자인대 부상을 당하고 만 것이었다. 설상가상으로 재건수술을 받는 도중에 감염사고까지 겹치면서 그의 복귀는 기약없이 미뤄졌다.

콘테에게는 자신이 없는 경기에서 동료들이 우승하는 모습을 보는 것도, 자신이 뛰지 못하게 된 팀이 결승전에서 패하는 것을 보는 것도 다 괴로운 순간들이었다. 그는 이번에도 도르트문트와의 챔피언스리그 결승전에 나오지 못했고, 도르트문트는 마침내 유벤투스를 넘어서 우승을 차지했다.

콘테가 부상에 시달리는 동안 유벤투스는 선수단에 변화가 있었다. 콘테가 빠진 기간동안 지단은 데샹과 함께 유벤투스의 핵심 미드필더로 떠올랐고, 공격진 역시

델 피에로 중심으로 개편되었다. 97/98 시즌을 앞두고 유벤투스는 필리포 인자기와 다비즈를 영입했다. 인자기는 비에리의 대체자였고, 다비즈는 표면상으로는 유고비치의 대체자였다. 그러나, 다비즈는 큰 부상으로 인해서 기량 회복이 불투명한 콘테의 대체자이기도 했다. 다시 입지가 좁아진 것처럼 보였지만, 콘테는 오직 재활에만 몰두했다. 오히려 이런 상황이었기에 콘테는 더 큰 동기부여를 갖고 자신을 단련할 수 있었다.

1997년 8월 31일, 홈에서 열린 세리에 A 개막전에서 콘테는 마침내 돌아왔다. 이 경기의 상대가 그의 고향팀 레체라는 점은 콘테에게 더욱 특별했다. 콘테는 디 리비오, 데샹, 지단과 함께 미드필더를 구성했고, 리피 감독의 믿음 아래 주장 완장도 차고 나왔다. 콘테는 모두의 우려를 불식시키면서 다치기 전과 마찬가지로 왕성한 활동량과 강렬한 투쟁심을 선보였고, 경기 종료 직전 팀의 두 번째 골까지 넣었다. 델 피에로마저도 감탄할 정도로 환상적인 바이시클킥 골이었기에 콘테는 너무 기쁜 나머지 상대가 자신의 고향팀이라는 것도 잊은 채 격한 셀레브레이션을 펼쳤다. 그 이후 콘테는 레체 팬들에게서 더 이상 환영받지 못했다.

이 시즌부터 콘테는 중앙 미드필더보다는 측면 미드필더로도 좀 더 자주 기용됐다. 큰 부상 경력이 있고, 워낙 격렬한 플레이를 즐기는 그를 보호하려는 조치로 보였다. 콘테는 빠른 발을 가진 선수는 아니었지만, 많은 활동량으로 상대의 윙어나 풀백들을 잘 막아냈고, 가끔씩 터트리는 의외의 한 방이 있는 선수였다. 건강하게 돌아온 콘테의 활약 덕분에 유벤투스는 시즌 내내 선두권을 유지하면서 점점 우승을 향해 나아갔다. 호나우두를 영입한 인테르가 강력한 경쟁자였지만, 4월 말의 맞대결에서 승리를 거둔 유벤투스는 결국 리그 2연패에 성공했다. 그리고 챔피언스리그에서도 3년 연속으로 결승에 올랐다. 이번에야 말로 콘테가 결승전에서 제대로 활약할 수 있을 것만 같았다.

그러나, 불운하게도 콘테는 레알마드리드와의 챔피언스리그 결승에서도 기대했던 활약을 보이지 못했다. 리그가 거의 종료되던 무렵 막판에 콘테는 훈련 도중 가벼운 부상을 입었는데, 컨디션이 끝내 회복되지 못했다. 리피 감독은 마지막 리그 2경기를 쉽게 하면서까지 콘테의 회복을 바랐지만, 결승전 당일까지 선발로 나설 컨디션은 아니었다. 결국 이 경기의 선발은 다비즈였다. 콘테는 후반에 데샹과 교체투입되어 약 12분간 경기를 뛰었지만 이미 이때 는 미야토비치의 결승골이 들어간 이후였고, 유벤투스는 상황을 반전시키지 못했다. 콘테는 레알마드리드의 7번째 챔피언스리그 우승을 씁쓸하게 지켜봐야 했다.

02

유벤투스
격변의 시기

1998/99 새로운 시즌이 시작되고 사람들은 누구나 유벤투스를 우승 0순위로
생각했다. 리피의 유벤투스는 4년간 리그 우승을 3번, 챔피언스리그 우승을 1번
차지했으니 당연한 예상이었다. 챔피언스리그는 우승만 1번뿐이었지, 무려 3년
연속으로 결승에 올랐으니 유럽에서 가장 강한 팀을 논할 때는 당연히 유벤투스가
먼저 거론되었다. 더구나, 프랑스 월드컵에서 프랑스에 사상 첫 월드컵 우승을
안긴 지단이 있는 팀이니 기대감은 더욱 컸다. 당시 미들즈브러나 블랙번 같은
잉글랜드 클럽으로의 이적설이 돌았던 콘테가 결국 유벤투스에 남은 것도 우승에
대한 열망 때문이었다.

하지만 정작 시즌이 시작되자 유벤투스는 믿기지 않을 만큼 부진했다. 일본의
나카타 히데토시가 맹활약한 경기로도 잘 알려진 페루자와의 개막전부터
유벤투스는 3골을 내주면서 졸전 끝에 4-3으로 간신히 승리했다. 콘테는 초반
4경기에서 부상으로 출장하지 못했다. 그래도 그때까지는 파르마에게 패했을 뿐
팀이 크게 흔들리는 느낌은 아니었다. 하지만 11월부터 유벤투스는 걷잡을 수
없이 흔들렸고, 이때부터 1월까지 3개월 가까운 시간 동안 유베가 얻은 승리는
고작 2경기에 불과했다. 특히 볼로냐, 라치오, 피오렌티나에게 당한 3연패는
치명적이었다.

일단, 유벤투스가 흔들린 원인 중 가장 큰 것은 델 피에로의 부재였다. 이미
월드컵 출전 당시에 부상회복이 되지 않았던 델 피에로는 결국 시즌 개막 이후에도

한참동안을 나오지 못했다. 델 피에로가 없는 상황에서
상대팀은 지단을 철저하게 견제하는 것만으로도 큰 효과를
거뒀다. 인자기는 그 자신이 단독으로 무언가를 만들어내는
타입의 공격수는 아니었고, 기대를 모았던 티에리 앙리 역시
당시에는 유망주에 불과해 유벤투스에서는 별다른 활약을
하지 못했다.

또한 콘테와 데샹, 혹은 콘테와 타키나르디 등 활동량이
많은 미드필더들을 활용하는 스타일도 이미 이탈리아
클럽들에게는 익숙한 모습이었다. 따라서 유벤투스를
상대하는 팀들은 콘테와 다른 미드필더들의 간격을
분리하기 위해서 노력했고, 이는 아주 효과적이었다.
리피 감독은 좀처럼 이런 문제를 해결하지 못했고, 그렇게
유럽의 최강팀은 서서히 가라앉았다.

챔피언스리그에서는 4강까지 올랐지만, 올림피아코스와의
8강전도 고전 끝에 승리할 수 있었다. 유벤투스는 홈에서
2-1로 승리하고 원정을 나섰지만, 원정에서는 80분이 넘는
동안 1-0으로 지고 있었다. 이대로 경기가 끝난다면
합산스코어 2-2 동률이지만 원정득점 우선으로 인해서
올림피아코스가 4강으로 가는 상황. 이 위기의 순간에서
85분에 콘테가 극적으로 골을 터트리면서 유벤투스는
간신히 4강에 올라갈 수 있었다. 그러나 맨유와의 4강에서는
더 이상 기적이 일어나지 않았고, 오히려 맨유가 역전에
성공했다. 이제와 생각해보면 이때 맨유가 트레블을 차지한
것은 잉글랜드 축구가 완전히 부활했다는 것을 알리는
신호탄이었다.

유벤투스는 4년 연속 챔피언스리그 결승에 진출하는 데
실패했다. 마침내 이탈리아 클럽들의 전성시대가 끝나가고
있었고, 그 흐름은 유벤투스마저도 거스를 수 없었다.
결국 리피 감독은 시즌을 다 마치지 못하고 중도 사임하고
말았다. 유벤투스의 새로운 감독은 밀란의 레전드이자,
파르마를 성공적으로 이끌었던 카를로 안첼로티였다.
그 자신이 밀란 제네레이션의 핵심 멤버 중 하나였기에
유벤투스를 개혁하기에는 적임자로 보였지만, 유벤투스
팬들에게 환영받는 인물은 아니었다. 하지만, 콘테는
안첼로티를 반겼고, 안첼로티 역시 콘테를 트라파토니나
리피 같은 전임 감독들과 마찬가지로 핵심 미드필더로
기용하면서 결과를 내기 시작했다.

안첼로티 감독은 1999/2000 새로운 시즌에 들어선 뒤
포메이션을 당시 유행하던 3-4-1-2로 바꾸고 콘테나 데샹,
다비즈 등 미드필더들의 활동폭을 좀 더 중앙 중심으로
제한했다. 두 선수가 뒤를 든든하게 받쳐주고 있기에 공격에
집중할 수 있게 된 지단은 뛰어난 활약을 펼쳤고,
델 피에로도 돌아온 상황이었기에 유벤투스는 다시 강력한
모습으로 돌아왔다. 골을 많이 넣는 팀은 아니었지만,
수비만큼은 엄청나게 단단했다. 유벤투스는 1년만에 다시
스쿠데토를 거머쥘 것 같았다.

26라운드를 마쳤을 때 유벤투스는 승점 59점으로 2위인
라치오에 비해 승점이 9점이나 앞서 있었다. 8경기 남은
상황에서 도저히 뒤집힐 것 같지 않은 승점차였다. 하지만
그 8경기에서 유벤투스는 거짓말같이 4패를 당했고, 그 중
하나가 라치오전 맞대결 패배였다. 그래도 마지막
34라운드를 남겨놓은 시점에서 유벤투스는 라치오에게 승점
2점차로 앞서 있었다. 마지막 상대는 페루자. 이기기만

한다면 우승은 유벤투스의 몫이었다. 그러나 유벤투스는
페루자에게 패하며 끝내 우승에 실패했다.

콘테는 이 때의 충격으로 일주일 동안 잠을 제대로 자지
못할 정도였다. 당시 유벤투스 선수들은 이미 우승을 차지했
다고 생각했고, 그런 방심이 실패의 원인이었다고 콘테는
생각했다. 훗날 콘테가 끊임없이 선수들을 독려하는 타입의
감독이 된 것은 이때의 쓰라린 기억 때문일 것이다.

21세기가 시작되는 2000/01 시즌, 유벤투스는 지난 시즌의
아쉬움을 만회하기 위해 나름대로 준비를 했지만, 불운은
계속됐다. 유벤투스는 전 시즌 아쉽게 우승을 놓친 이유를
득점력 부족으로 생각했다. 우승을 차지한 라치오는
물론이고 상위권 팀들 대부분이 50골 이상 넣었으나,
유벤투스는 팀 득점이 46골에 그쳤다. 그래서 유벤투스는
유로 2000에서 이탈리아에게 아픔을 안겨준 트레제게를
영입했다. 물론, 지단과의 시너지 효과를 염두에 둔
영입이었고, 필리포 인자기에게 긴장감을 주기 위한 것처럼
보이기도 했다. 하지만 유베에게도 콘테에게도 불운은

그치지 않았다.

더 이상 젊은 선수가 아니었던 32세의 콘테는 이 시즌부터는
점점 더 잦은 부상에 시달렸다. 유벤투스 중원의 핵심은
이제 콘테가 아니라 다비즈였다. 콘테는 00/01 시즌에도
말미에 부상을 당해서 다음 시즌 중반까지 거의 7개월간
경기에 나서지 못했다. 그 때문인지 유벤투스는 이번에도
리그에서 2위에 그치고 말았다. 지난 시즌과 정반대의
입장에서 이번에는 로마를 맹렬하게 추격했지만,
로마는 마지막 라운드에서 패하지 않았고 스쿠데토는
로마의 차지가 되었다.

더 충격적인 결과는 챔피언스리그에서의 성적이었다.
함부르크, 파나티나이코스, 데포르티보라코루냐와 같은 조에
편성됐던 유베는 6경기 동안 단 1승만을 거둔 채 4위로
조별 라운드에서 탈락했다. 이제 더 이상 안첼로티가
유벤투스의 감독으로 자리를 지킬 수 있는 명분은 없었다.
유벤투스는 다시 한번 리피를 선임했다.

Carlo ANCELOTTI

카를로 안첼로티

Birth 1959. 6. 10

1990년대 감독 커리어를 시작한 이래 30년이 지난 지금도 여전히 유럽축구 최상위 레벨에서 최고의 성과를 내고 있는 감독. 콘테를 지도했던 감독들 중에 선수로서의 커리어도 가장 화려하다. 그 자신이 스타 플레이어 출신이고, 콘테와 같은 포지션에서 활약했기에 어쩌면 트라파토니나 리피보다도 콘테에 대한 이해도는 더 높았을 것이다.

파르마 유스부터 축구를 시작한 안첼로티는 로마로 이적해 1982/83 시즌에는 세리에 A 우승을 경험했고, 특히 코파 이탈리아는 무려 네 차례나 우승을 차지했다. 이어 밀란으로 이적한 이후에는 유럽을 제패한 밀란 제네레이션의 일원으로 레이카르트와 함께 막강한 밀란의 중원을 담당했다. 자신이 콘테에게 영향을 줬던 것처럼 안첼로티 역시 로마 시절에는 리드홀름과 에릭손, 밀란 시절에는 사키와 카펠로 같이 훌륭한 감독 아래 많은 영향을 받았다. 감독 초기에는 사키의 신봉자로 4-4-2를 주로 사용했지만, 졸라나 스토이치코프 같은 창의적인 선수들과 잘 맞는 포메이션은 아니었다. 이후 파르마를 거쳐 유벤투스 시절에는 지단을 위해서 3-4-1-2 시스템을 사용할 정도로 유연한 태도를 보였다. 유벤투스 시절에는 결국 우승을 차지하진 못했지만, 이 때의 경험을 토대로 밀란을 맡은 뒤로는 다양한 시스템을 활용하여 카펠로 이후 다시 한번 밀란을 전성기로 이끌었다. 안첼로티는 밀란 시절 강력한 백4 라인을 토대로 4-3-1-2, 다이아몬드 4-4-2 등 상황에 따라 유연한 포메이션을 사용했고, 셰브첸코의 이적 이후에는 크리스마스 트리로 유명한

4-3-2-1 시스템을 사용해 02/03, 06/07 두 차례의 챔피언스리그 우승을 차지했다. 유럽에서의 성과에 비해 세리에 A에서는 03/04 단 한 번의 우승밖에 없는 것이 흠이라면 흠.

2009년을 끝으로 밀란을 떠나 첼시의 감독이 되었는데, 가자마자 첼시를 우승으로 이끌었지만 챔피언스리그 16강에서는 전 첼시 감독인 무리뉴가 이끌던 인테르를 만나 탈락하고 말았다. 이후 안첼로티는 PSG, 레알마드리

드, 바이에른뮌헨 등 각 리그 최고의 클럽만을 맡았고, 가는 곳마다 팀에 우승 트로피를 안겨줬다. 특히 2013/14 시즌에는 레알마드리드가 염원하던 10번째 챔피언스리그 우승을 차지했다. 바이에른뮌헨 시절까지 안첼로티는 리그의 성적과 챔피언스리그 성적이 일치하지 않는 묘한 엇박자가 있었는데 그 때문에 바이에른뮌헨의 감독을 물러나고 나서는 나폴리와 에버튼을 맡으면서 감독 커리어가 살짝 내려가는 듯 보였다.

실제로 나폴리와 에버튼에서의 성적은 안첼로티의 명성에 비해 만족할 만한 것이 아니었고, 전술적 역량도 한계에 부딪친 것이 아니냐는 비판도 많이 들었다. 안첼로티의 팀은 대부분 전반기보다 후반기에 다소 성적이 떨어지는 느낌이 있었고, 그 때문에 장기 레이스인 리그에서는 우승을 많이 차지하지 못했다.

하지만 2021년 에버튼 팬들의 비난을 뒤로하고 지단이 물러난 레알마드리드의 감독을 맡은 안첼로티는 스페인 리그 우승과 챔피언스리그 우승을 모두 차지하면서 그간의 부진을 털고 다시 유럽 최고의 감독으로 부상했다. 안첼로티는 이로서 모두 4번의 챔피언스리그 우승을 차지하면서 역사상 가장 많이 챔피언스리그 우승을 차지한 감독이 되었다.

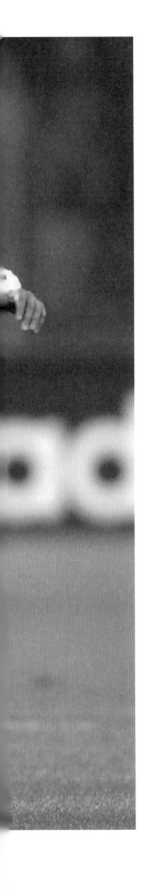

03

유베에서의
마지막 불꽃

돌아온 리피를 위해서 유벤투스는 이번에야 말로 우승을 차지하기 위한 대대적인
투자로 팀의 체질개선에 나섰다. 지단을 레알마드리드에 거의 8000만 유로에
달하는 거액에 이적시켰고, 필리포 인자기 역시 라이벌인 밀란으로 보냈다. 그리고
그보다 훨씬 많은 돈을 선수단 보강에 사용했다. 이 시즌에 영입된 선수가 부폰,
네드베드, 튀랑, 살라스 등 하나같이 리그에서 최정상급 플레이를 펼친
선수들이었다. 하지만, 콘테가 없는 기간 동안 유벤투스는 급격한 변화를 맞은
선수단 때문인지 성적이 그리 좋지는 못했다. 유벤투스는 9월말부터 11월초까지
6경기 동안 승리가 없는 기간이 있었고, 당시의 순위는 6위에 불과했다.
이 기간 동안 인테르는 선두권을 형성해서 앞서 나갔고, 키에보 베로나가 의외의
돌풍을 일으키며 1위를 차지하고 있었다. 인테르에서 실패한 리피에 대한
회의감이 늘어갈 무렵 리피의 페르소나와 같은 콘테가 복귀했고, 그때부터 팀은
가파르게 상승세를 타기 시작했다.
이 시절의 콘테는 타카나르디처럼 신체 능력이 뛰어나지도 않았고, 다비즈처럼
엄청난 움직임을 가져가지도 못했다. 하지만, 누구보다도 리피의 축구를 잘
이해하고 있었고, 팀원들의 사기를 끌어 올리는 데 특별한 재능이 있었다. 비록
주장 완장은 델 피에로에게 넘겨줬지만, 여전히 유벤투스 선수들에게 콘테는
주장과도 같은 존재였다. 콘테가 복귀하자 비로서 리피가 구상하는 축구가 제대로
작동하기 시작했다. 네드베드와 잠브로타의 측면이 상대를 지배하기 시작했고, 팀

은 전체적으로 활동량과 기동력이 뛰어난 팀으로 변했다. 시즌 초만 하더라도 불가능해 보였던 우승 경쟁은 단 1경기를 남겨놓은 33라운드를 마친 시점에서 로마마저 뒤집고 2위까지 치고 올라갔다. 인테르는 69점, 유벤투스는 68점, 로마는 67점. 마지막 라운드 결과에 따라서 세 팀 모두에게 우승 가능성이 열려 있었다. 유벤투스는 한 번은 역전을 허용했고, 한 번은 끝내 따라잡지 못했다. 그렇다면 이번에는? 이번에는 기적 같은 우승의 주인공이 됐다. 마지막 라운드 우디네세 원정 경기에서 유벤투스는 2-0의 승리를 거뒀다. 콘테는 90분을 모두 소화하며 다비즈와 함께 네드베드의 뒤에서 훌륭한 활약을 펼쳤다. 유벤투스는 트레제게와 델 피에로가 각각 1골씩 넣으면서 완벽한 승리를 만들었다. 로마도 승리를 거뒀지만 빛바랜 승리였다. 그리고 인테르는 라치오 원정에서 선제골을 넣고도 4-2로 대패하면서 마침내 유벤투스는 다시 우승을 차지했다. 한번 궤도에 올라선 유벤투스는 거침없이 질주했다. 2002/03 시즌 유벤투스는 다시 한 번 리그에서 우승을 차지하면서 2연패에 성공했다. 인테르가 2위를 하기 했지만, 32라운드에 우승이 결정될 정도로 여유 있는 우승이었다.

유벤투스의 질주는 리그에서만이 아니었다. 챔피언스리그에서도 오래간만에 다시 결승에 진출한 것이다. 밀란, 인테르와 함께 이탈리아 클럽이 세 팀이나 준결승에 올랐던 이 대회에서 유벤투스는 8강과 4강에서 스페인의 양강 바르셀로나와 레알마드리드를 차례로 물리치며 결승에 올랐다. 유벤투스의 불안요소는 최고의 활약을 펼치던 네드베드가 레알마드리드와의 경기에서 경고를 받는 바람에 결승전에 나올 수 없게 된 것이었다. 결승전 상대가 밀란이었기에 이는 유벤투스에게 결정적인 타격이었다. 콘테는 이 경기에서 후반에 카모라네시를 대신해 출전하면서 분전했지만, 두 팀은 끝내 득점을 만들지 못했다. 그래도 유베는 아약스를 상대했던 결승에서 승부차기 승리가 있었기에 이번에도 기대를 했지만 첫 번째 키커 트레제게부터 실축하면서 유베는 불안하게 출발했다. 유벤투스의 골키퍼 부폰과 밀란의 골키퍼 지다는 모두 상대 키커를 압도하는 면이 있었다. 세도르프, 살라예타, 칼라제, 몬테로 등등 유벤투스와 밀란의 키커들이 연달아 실패하면서 승부차기도 5명 안에 끝나지 않을 것 같았다. 유베의 마지막 키커 델 피에로가 성공시키면서 2-2가

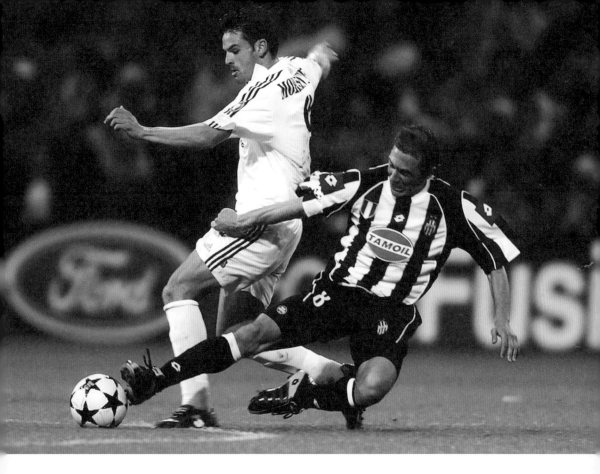

되었고, 밀란의 마지막 키커는 셰브첸코였다. 그리고
셰브첸코는 깔끔하게 성공시키면서 유벤투스를 또다시
챔피언스리그 준우승팀으로 만들었다. 리그 우승과
챔피언스리그 준우승. 아쉬움은 남았지만 크게 성과를 낸
시즌이었다. 그리고 이 시즌이 콘테와 리피, 두 사람이
유벤투스에서 피워낸 마지막 불꽃이었다.

콘테의 선수생활 마지막인 2003/04 시즌은 유벤투스가
밀란의 독주를 막아내지 못한 시즌이었다. 전 시즌 유벤투스
를 물리치고 챔피언스리그 우승을 차지했기에 자신감이
넘쳤던 밀란은 카카마저 가세하면서 리그에서 압도적인
모습을 보였다. 콘테는 여전히 부상에 시달렸고, 자신에게
남은 시간이 길지 않다는 것을 알고 있었다. 그래도 경기에
나설 때면 늘 최선을 다해 격렬한 경기를 펼쳤다.

03/04 시즌이 끝난 뒤 리피가 물러났고, 콘테 역시 은퇴를
발표했다.

클럽 커리어 통산 377경기 30골. 5번의 세리에 A 우승과
1번의 챔피언스리그 우승, 1번의 UEFA 컵 우승.
1985년부터 레체에서 성인팀으로 데뷔한 이후 2004년의
유벤투스까지 파란만장했던 콘테의 선수생활이 끝났다.

콘테는 당대의 뛰어난 다른 미드필더들에 비해서
신체조건이 뛰어나지도, 기술적인 능력이 월등하지도
않았다. 스스로도 자신이 그런 능력을 가지지 못했다는 것을
잘 알고 있었다. 다만, 누구보다도 이기고 싶었고, 승리를
위해서는 무엇이든 할 준비가 되어 있었다. 열정, 인내, 헌신,
투쟁. 선수생활 내내 그를 수식하던 이 단어들은 그가
축구에 대해 어떤 태도로 임했는지를 잘 설명해준다.

"나는 멀지 않은 미래에 코치로 돌아올 것입니다"

선수생활 은퇴를 선언하며 콘테가 덧붙인 말이었다. 콘테는
이미 지도자를 꿈꾸고 있었다. 그리고 언젠가 유벤투스의
코치, 나아가 감독이 되길 원하고 있었다. 그가 이런 결심을
하게 된 것은 선수생활을 하는 동안 유벤투스에서 세 명의
위대한 감독들을 만났기 때문이다. 트라파토니, 리피,
안첼로티는 각기 다른 시대에 이탈리아 최고의 명장으로
불린 감독들이었다. 콘테는 그들 모두에게 많은 신뢰를 받는
선수였고, 그렇기에 뛰어난 감독이 되기 위해 필요한 많은
것을 배울 수 있었다. 콘테에게 아직 축구는 끝나지 않았다.

이탈리아 대표팀에서의

콘테

O INTE AZZURI

콘테는 유벤투스에서 자리를 잡아가던 1994년 5월에 처음 이탈리아 대표팀에 소집됐다. 핀란드와의 친선경기에 나선 콘테는 수비형 미드필더로 출전해 카시라기의 골에 도움을 기록했다. 사키 감독에게 인정받은 콘테는 1994년 미국 월드컵의 이탈리아 대표로 선발되어 처음으로 월드컵을 경험했다. 당시 이탈리아 미드필드진 중에서는 알베르티니와 디노 바조가 중용 받았고, 콘테는 많은 경기에 나서지는 못했다. 스페인과의 8강전에 비로소 선발로 출전했지만, 당시 미국의 살인적인 더위와 높은 습도에 빈혈 증세를 보이면서 66분만 뛰었고, 이어 불가리아와의 4강전에서도 디노 바조와 교체되어 들어가 약 30분 정도만 소화했다. 콘테는 스페인전 이후 정상적인 컨디션을 유지하는 데 어려움이 있었기에 결국 결승전에서는 출전하지 못했다. 그는 월드컵 결승전 역시 벤치에서 씁쓸하게 팀의 패배를 지켜봐야 했다. 이후 사키 감독이 유로 96을 준비하면서 팀 개편에 들어갔을 때만 하더라도 콘테는 팀의 핵심 미드필더로 활약할 거라는 기대를 모았다. 그러나 대표팀 경기에서 큰 부상을 당하면서 이후 1990년대 후반까지 대표팀과는 좀처럼 인연이 없었다. 유벤투스라는 세계적인 클럽의 주전 미드필더였음에도 불구하고 콘테의 이탈리아 대표팀 경력이 그리 많지 않은 이유다. 콘테가 다시 대표팀에 불리기 시작한 것은 디노 조프가 감독이 된 1999년부터였다. 유로 2000을 준비하던 이탈리아 대표팀에는 콘테처럼 강력한 투쟁심을 가진 선수가 필요했고, 콘테는 알베르티니와 짝을 맞춰 대표팀의 핵심멤버로 활약했다. 유로 2000 이탈리아의 첫 번째 경기였던 튀르키예전에서는 골까지 넣으면서 승리에 일조했지만, 루마니아와의 8강전이 그의 국가대표 마지막 경기가 되고 말았다. 이 경기에서 당한 부상으로 인해 그는 결국 4강전과 결승전에 나서지 못했고, 콘테는 월드컵에 이어 또다시 결승전에서 이탈리아가 패배하는 모습을 지켜봐야만 했다. 콘테는 대표팀에서도 여전히 '결승전에서 불운한 사나이'였다.

A매치	20경기 2골 / 1994~2000
데뷔 경기	A매치 핀란드전 / 1994. 5. 27
마지막 경기	유로 2000 루마니아전 / 2000. 6. 24

MANAGE

2006-

AREZZO 2006, 2007 **BARI** 2007-2009 **ATALANTA** 2009-2010
SIENA 2010-2011 **JUVENTUS** 2011-2014 **ITALY** 2014-2016
CHELSEA 2016-2018 **INTER MILAN** 2019-2021
TOTTENHAM 2021-PRESENT

CHAPTER 1

지도자로
변신하다

2006-2011

콘테는 현역에서 은퇴한 뒤 2005년 세리에 A 시에나의 코치로 지도자 커리어를 시작했고,

이듬해 2006/07시즌 세리에 B의 아레초를 맡아 37세의 젊은 감독이 됐다.

이후 2007년 바리의 감독이 되어 팀에 우승과 1부리그 승격을 선사했으나,

구단과의 마찰로 인해 정작 자신이 승격시킨 팀을 이끌지 못하고 클럽을 떠나게 된다.

다음 클럽 아탈란타에서는 많은 것들이 잘 풀리지 않았다. 다시 손을 내민 곳은, 그가 코치 생활을 시작했던 시에나.

당시 세리에 B에 속해 있던 클럽을 또 한 번 승격으로 이끈다. 재정이 튼튼하지 않은 구단을 오가는 커리어

속에서도 다양한 결과를 이뤄내며 이탈리아 축구계가 주목하는 유망한 감독으로 급부상한다.

지도자로
첫 걸음 나선 콘테

한국에 파주 NFC가 있듯이 이탈리아에는 피렌체에 코베르치아노라는
축구기술센터가 있다. 이탈리아의 각급 연령별 대표팀은 물론, 지도자와 심판의
교육이 동시에 이뤄지는 곳이다. 이곳이 유명한 이유는 단지 이탈리아 축구
대표팀의 트레이닝 센터이기 때문이 아니다. 이탈리아는 이 센터에 감독이 되기
위한 필수 과정인 UEFA 프로 라이선스를 취득할 때 제출한 논문들을 모아 놓고,
누구나 열람할 수 있게 해놓았다. 그래서 이곳을 방문하면 현재 이탈리아 출신의
유명 감독들의 논문을 찾아볼 수 있다.

콘테는 선수생활을 그만둔 뒤 코베르치아노에서 지도자 수업을 받았다. UEFA A
라이선스를 획득하면 세리에 B 이상의 팀 수석코치까지 맡을 수 있기 때문에
지도자가 되기 위해서는 필수인 코스였다. 콘테는 여기서 다양한 포메이션에 관해
배웠고, 유연하게 포메이션을 변화하는 방법을 연구했다. 현재의 콘테에게는 다소
상상하기 어려운 일이지만, 그가 2006년 UEFA 프로 라이선스를 따기 위해 제출한
논문 역시 '4-3-1-2 포메이션에서 고려할 상황과 영상자료의 활용'이라는
논문이었다.

코베르치아노에서 코치 자격을 얻은 콘테는 매우 당연하게도, 처음에는
유벤투스의 코치가 되고 싶었다. 그러나 리피의 뒤를 이어 새롭게 유벤투스의
감독이 된 파비오 카펠로는 콘테가 코치진으로 합류하는 것을 원하지 않았다.
어쩔 수 없이 콘테는 2005년 유벤투스가 아니라 당시 데 카니오가 이끌고 있던

시에나의 코치로 합류하게 된다.

아주 나중의 일이지만, 콘테는 인테르를 이끌고 있던 시절 TV 해설자였던 카펠로와 팀의 스타일에 대해 언쟁을 벌인 적이 있는데, 사람들은 과거의 앙금 때문에 콘테가 예민하게 반응했다고 추측할 정도로 당시 콘테는 카펠로에게 서운한 감정을 느꼈다.

2005년 당시만 하더라도 시에나는 유벤투스와 밀접한 관계를 맺고 있었다. 유벤투스의 어린 선수들은 물론, 레그로탈리에 같은 베테랑 수비수도 시에나에서 임대생활 중이었다. 콘테와 동시대에 활약했던 엔리코 키에사도 선수생활의 황혼기를 보내고 있었다. 지도자로 이제 막 시작한 콘테가 적응하기에는 아주 괜찮은 환경이었다. 데 카니오 감독은 이름 난 명장은 아니지만, 여러 팀을

맡으면서 나름의 노하우가 있는 감독이었고, 콘테도 데 카니오를 잘 보좌했다.

물론, 시에나가 세리에 A에서 아주 경쟁력이 있는 팀은 아니었다. 득점력은 나쁘지 않았지만 너무 많은 실점이 문제였다. 그래도 시에나는 강등당하지 않고 살아남았다. 나중에 칼초 폴리 여파로 인해서 큰 혼란이 왔지만, 시에나는 그것과 관계없이 자력으로 생존했다.

지도자로 첫 시즌을 보낸 콘테에게 생각보다 빨리 감독의 기회가 찾아왔다. 세리에 B의 아레초에서 감독 제안을 받게 된 것이다. 2006년 이탈리아 축구계는 칼초 폴리의 여파로 많은 혼란이 있었고 그로 인해 징계를 받은 팀도 많았다. 아레초도 그 중 한 팀이었고, 아레초는 2006/07 시즌에 승점 6점의 삭감을 안고 시즌을 시작해야 했다. 콘테는

개인적 친분이 없었기에 콘테는 관광객처럼 아약스 훈련장을 찾아갔다. 믿기지 않겠지만, 경기장 밖의 콘테는 다소 수줍은 사람이다. 경기장 안에서 열정적인 모습을 보이는 것과는 완전히 다른 사람이 된다. 콘테는 아약스 구단에 자신의 이름만 댔어도 수월하게 훈련을 견학할 수 있었을 텐데, 성격상 그렇게 하지 못했다. 비공개 훈련일에도 아약스 훈련장을 찾아간 콘테는 그를 알아본 경비원에게 사인만 해주고 쫓겨나다시피 돌아서야 했다.

콘테가 물러나고, 마우리치오 사리 감독이 부임했지만, 아레초는 여전히 최하위에서 벗어나지 못했다. 나름 하위권 팀들을 여러 번 맡아본 경험이 있는 사리 감독이었지만 좀처럼 아레초를 끌어 올리지 못했다. 결국 22경기 만에 사리 감독도 물러나고, 콘테는 다시 한번 아레초의 감독으로 돌아오게 된다.

2007년 3월 다시 한번 아레초를 맡은 콘테는 첫 2경기를 패배로 시작했지만, 팀은 서서히 개선되고 있었다. 그때까지 백4에 기반한 포메이션을 사용하던 콘테는 이 때부터 백3를 혼용하면서 팀의 수비를 안정되게 만들었다. 그러자 팀의 경기력은 점차 나아지기 시작했고, 4월부터 5월까지는 5연승을 거두면서 서서히 아레초에게 잔류의 희망이 보였다. 그리고 2007년 5월 19일 드디어 고대하던 유벤투스와의 경기가 펼쳐졌다.

아레초로서도 물러설 수 없는 경기였지만, 결과는 가혹했다. 전반 19분에 콘테와 절친했던 델 피에로의 선제골이 터졌고, 이어 키엘리니의 헤더까지 나오면서 유벤투스는 쉽게 승기를 잡았다. 전반 막판에 플로로 플로레스의 골로 따라갔지만, 아레초의 저항은 거기까지였다. 후반에는 유벤투스가 3골을 추가하면서 결국 1-5의 대패를 당하고 말았다. 경기가 끝난 뒤 동료였던 데샹 감독이나 주장 델 피에로가 위로와 격려의 인사를 건넸지만 콘테에게는 허탈한 패배였다.

아레초는 유벤전 이후 더 이상 패배를 당하지는 않았지만, 끝내 강등을 막을 수는 없었다. 아레초의 최종 승점은 46점. 잔류한 팀들이 49점의 승점을 얻었기 때문에 징계로 인한 승점 삭감이 없었다면 잔류할 수도 있는 성적이었다.

콘테의 첫 감독 경험은 우여곡절 속에서 얻는 것도 많았지만, 성공이라고 보기는 어려웠다. 그래도 첫 번째 실패에서 빠르게 회복해서 두번째로 팀을 맡았을 때는 놀라울 정도의 발전이 있었다. 하지만 아레초 감독을 계속 맡기는 어려웠기에 그는 팀에서 물러날 수밖에 없었다.

과감하게 아레초의 감독직을 수락했다. 그에게 더 매력적이었던 것은 칼초 폴리로 인해서 세리에 B로 온 유벤투스와의 맞대결이었을 지도 모른다.

하지만, 콘테의 아레초는 처음부터 삐걱거렸다. 실점이 많지는 않았지만, 득점도 거의 나오지 않았다. 결국 콘테는 리그 9경기 만에 단 1승도 거두지 못한 채 경질되고 만다. 기대하던 유벤투스와의 경기는 치러보지도 못한 채. 코파 이탈리아에서는 3승을 거뒀지만, 그것만으로는 부족했다. 승부욕이 엄청났던 콘테는 감독도 선수시절처럼 잘하고 싶었다. 어떻게 하면 감독을 잘하고, 선수들에게 자신의 생각을 주입시킬 수 있을 지 고민하기 시작했다.

이 시기 콘테에게 유명한 일화가 있는데, 무작정 네덜란드의 아약스를 찾아가 판 할의 지도법을 배우려고 시도한 일이다.

02

감독으로
세리에 A에 돌아오다

한동안 휴식을 취하던 콘테에게 다시 감독을 할 기회가 찾아왔다. 2007년 12월
바리의 주세페 마테라치 감독이 사임하면서 콘테에게 감독 제의가 들어온 것이다.
바리는 06/07 시즌에는 세리에 B에서 중위권을 형성할 정도로 괜찮은 성적을
거뒀지만, 07/08 시즌에는 강등권 근처에서 맴돌면서 좀처럼 성적이 나오지
않았다. 이미 중도에 부임해 좋은 성적을 거둔 적이 있었던 콘테에게 감독 제의가
들어온 것도 당연한 일이었다.

이번에도 첫 두 경기 결과는 패배로 시작하며 좋지 않았지만, 두 번 모두 3-2의
아슬아슬한 패배였다. 콘테는 아레초 때와 마찬가지로 팀을 빠르게 안정시키면서
점차 성적을 끌어 올렸다. 바리에서는 백4 앞에 수비형 미드필더를 한 명 두면서
수비를 강화했고, 상대에 따라서 4-1-3-2 형태와 4-4-2 다이아몬드 형태를
번갈아 사용했다. 주세페 마테라치 감독 아래서 19경기 동안 승점을 20점밖에
얻지 못했던 바리는 콘테가 맡은 이후 22경기 동안 35점을 얻으면서 11위로
시즌을 마쳤다. 그렇게 콘테는 감독으로도 조용하게 성장해가고 있었다.

바리에서 두번째 시즌을 맞이한 2008/09 시즌은 콘테에게 잊을 수 없는
기억이었다. 감독이 된 이후 처음으로 우승 트로피를 들어올린 시즌이 되었으니까.
시즌의 출발을 아주 좋다고 보기는 어려웠다. 리그 개막 이후 3경기 모두 무승부를
거두면서 지난 시즌의 상승세를 이어가지 못하는 것처럼 보였다. 팀이 크게
흔들리지는 않았지만, 득점이 잘 나오지 않았다.

10월 들어 아벨리노와 사수올로에게 연패를 당하자 콘테는 팀의 시스템을 개편했다. 기존에는 전형적인 2톱이나 3톱을 사용했지만, 카푸토와 바레토의 활동 영역을 상하로 나눠 주면서 바레토가 더 자유롭게 움직이도록 만들었다. 결과적으로 이러한 전술 변화는 대단히 성공적이었다. 바레토는 10월부터 시즌 마지막까지 꾸준하게 득점을 올리면서 팀의 상승세를 주도했다. 바리는 12월 중순부터 1월 말까지 6연승을 달리면서 마침내 1위에 올라섰고, 최종적으로 승점 80점을 기록하면서 세리에 B 우승을 차지해 A로 승격할 수 있게 되었다. 바레토는 23골과 9개의 도움을 기록했고, 카푸토도 10골을 넣었다.

콘테는 바리와 재계약을 맺고 세리에 A에서 맞이할 새로운 시즌을 기대하고 있었다. 그러나 모든 일이 원하는 대로 순탄하게 흘러가지는 않았다. 이적시장에서 조금 더 대담한 투자를 원하는 감독과 현실적인 한계점을 설정한 구단과 마찰이 일어났다. 결국 콘테는 바리를 떠났다. 마침내 세리에 A에서 감독을 할 기회가 왔지만, 콘테는 이 때도 타협을 하지 않았다. 그렇게 기약없이 세리에 A에서의 감독 데뷔가 늦어질 듯 보였던 찰나에 아탈란타가 그에게 감독직을 제의했다.

원래 아탈란타는 2009/10 시즌 새로운 감독으로 안젤로 그레구치를 임명했었다. 그레구치는 비첸차를 이끌면서 나름의 지도력을 인정받은 감독이었다. 그러나 리그 개막 전 코파 이탈리아에서만 1승을 거뒀을 뿐, 리그에서는 4경기 모두 패하면서 결국 경질당하고 말았다. 특히 마지막 바리 전에서 4-1로 패한 것은 아탈란타 입장에서는 더 이상 참기 어렵다.
내 의견을 제대로 표현할 수 없고,
내 뜻대로 일할 수가 없다.
선수단과의 불화가
제대로 처리되지 않고 있다.
나는 잔여 연봉을 모두 포기하고
이만 물러나겠다.

콘테가 아탈란타를 떠나며 남긴 마지막 말

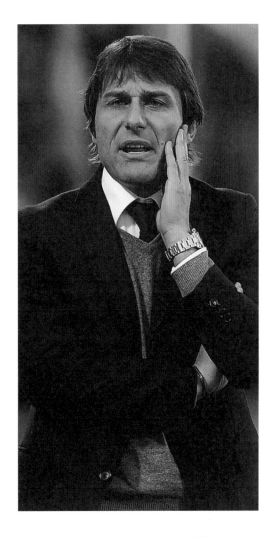

큰 충격이었다. 당시 바리의 감독은 결국 콘테가 아닌 벤투라였지만, 아탈란타는 그 바리를 만들어낸 콘테를 감독으로 원했던 것이다.

하지만 결과적으로 아탈란타와 콘테의 만남은 실패로 끝났다. 기대하던 세리에 A의 감독이 되었고, 중도 부임의 경험이 두 차례나 있었던 콘테였지만 이번만큼은 잘 수습되지 않았다. 8라운드 우디네세와의 경기에서 감독으로 세리에 A 첫 승리를 거두고, 이어 파르마전까지 승리하며 2연승으로 기대를 모았지만 그 뒤 3연패가 따라왔다. 특히 유벤투스와의 맞대결에서는 다시 한번 5골을 내주면서 5-2로 패했고 팀은 점점 수렁에 빠져갔다. 시에나전 2-0 승리로 잠시 숨을 돌리는 듯 보였지만, 또다시 3연패를 당하고 말았다.

아탈란타에서는 거의 모든 것이 잘 풀리지 않았는데, 콘테의 아이디어는 선수들에게 잘 스며들지 못했고 급기야는 선수단과의 불화마저 생겨났다. 당시 팀의 주장이자 팬들의 큰 사랑을 받던 크리스티아노 도니는 직접 콘테에게 큰 소리를 내며 덤빌 정도로 사이가 좋지 않았고, 이런 기류를 알게 된 팬들은 한층 더 콘테를 비난했다. 아탈란타에서 마지막 경기가 된 나폴리와의 홈 경기에서는 결과도 2-0으로 패한 데다가 감독을 비난하는 팬들과의 충돌을 막기 위해서 경찰의 보호를 받아야 할 정도였다. 결국 콘테는 아탈란타를 떠나야 했다.

03

시에나에서
한 번 더!

아탈란타에서는 실패했지만, 콘테는 여전히 자신감이 있었다. 그는 젊은
감독들 중에서는 흔치 않게 2부리그에서 우승을 차지해 팀을 1부로 승격시켰고,
두 차례나 중도에 팀을 맡아 괜찮은 성적을 거둔 적이 있었다. 당장 빅클럽에서
콘테를 원하지는 않았지만, 단기간 내에 혼란을 수습하기를 원하는 팀에게
콘테는 매력적인 인물이었다.

2010/11 시즌 세리에 A에서 B로 내려온 시에나가 그런 팀이었다. 잠파올로
감독이 이끌던 시에나는 09/10 시즌 초반 부진을 극복하지 못하고 감독을
두번이나 교체하면서 강등당하지 않기 위해서 안간힘을 썼지만, 결국 강등을
피할 수 없었다. 이미 시에나에서 코치를 했던 경험이 있는 콘테에게 시에나는
새롭게 출발하기 좋은 팀이었다.

콘테의 시에나는 출발부터 좋았다. 10라운드 엠폴리에게 첫 번째 패배를 당하기
전까지 차곡차곡 승점을 쌓아 갔고, 10월말에 연패를 당하며 잠시 위기가
있었지만, 금방 회복했다. 콘테는 시에나에서 백3와 백4 모두 사용했는데,
자신들보다 전력이 약한 팀을 상대로는 공격적인 4-4-2를 사용했다.
이 시스템이 콘테가 훗날 자주 언급하는 4-2-4 포메이션이다. 좌우 측면
미드필더를 레지나우두같이 공격적인 윙어들을 기용해서 상대 진영 깊숙한 곳에
늘 수적 우위를 가져가도록 만들었다.

한편으로, 전력이 엇비슷한 팀을 상대로는 백3를 사용했는데, 센터백과

미드필더를 모두 합쳐 6명을 만들어 상대의 공격을
중원부터 견제하면서 안정적인 수비를 추구했다. 콘테는
이 경우에도 미드필더 중 한 명은 공격적인 성향의 선수를
기용해서 가능한한 공격 지원을 할 수 있도록 만드는 것도
잊지 않았다. 이 아이디어는 콘테가 아레초에서 해임된 뒤
전술을 고민할 때 하부리그 팀들을 보면서 얻은
아이디어였다. 아약스 훈련장에서 쫓겨나긴 했어도 그런
시간들조차 콘테에게는 성장하는 밑거름이 되었다.
10월의 연패를 제외하면 시에나는 한 번도 연패를 당하지
않았고, 꾸준하게 좋은 성적을 거두면서 아탈란타와
치열하게 선두경쟁을 펼쳤다. 6경기를 남겨놓은 36라운드
시점에서 선두에 올라선 시에나는 3위권과의 승점 격차를
12점까지 벌려 놓아서 승격은 확정적이었다. 내친김에
우승까지 노렸던 시에나였지만, 그 뒤 6경기에서는 1승밖에
거두지 못하면서 결국 우승은 아탈란타에게 돌아갔다.

그래도 아탈란타와의 맞대결 성적은 1승 1무로 우위를
점했으며, 콘테는 작은 복수에 성공했다.
바리에 이어서 시에나도 승격시키면서 콘테는 감독을
시작한 지 5년 만에 이탈리아에서 가장 주목받는 젊은
감독이 됐다. 슬슬 세리에 A의 내로라하는 클럽들도 콘테를
대안으로 생각하기 시작했고, 콘테는 세리에 A에서
명예회복을 바랐다. 그리고 마침내, 콘테가 가장 사랑하는
클럽이 그에게 감독 제의를 했다. 그가 지도자가 되기를
결심했을 때부터 원했던 바로 그 클럽, 바로 유벤투스였다.

01

경험 쌓은 콘테,
드림 클럽 유벤투스로
돌아오다

콘테가 유벤투스의 감독으로 거론된 것은 그 때가 처음은 아니었다. 바리를
승격시켰던 2008/09 시즌 도중에도 유벤투스는 새로운 감독으로 콘테를 고려한
적이 있었다. 당시 유벤투스는 칼초 폴리 여파를 비교적 빠르게 극복하고
세리에 A에서 나름 선전하고 있었지만, 이미 헤게모니를 장악한 인테르를
넘어서기에는 다소 부족해 보였다. 유벤투스는 다시 세리에 A로 승격한
2007/08 시즌부터 라니에리가 팀을 맡아 이끌고 있었다. 승격한 첫 시즌 3위로
나름 괜찮은 성적을 거뒀고 그 다음 2008/09 시즌에도 인테르와 다소 격차는
있었지만 2위를 달리면서 순항하고 있었다. 유벤투스의 팬들은 승격에 공헌한
데샹이 아닌 라니에리를 감독으로 선택한 것에 대해서 불만이 있었지만.
어느새 그런 불만은 사라진 뒤였다.
29라운드에서 라이벌 로마와의 원정경기에서 4-1의 대승을 거둔 유벤투스는
아직 인테르와의 경기가 남아 있었기에 우승에 대한 희망도 품고 있었다. 그러나
바로 그 이후부터 유벤투스는 믿기지 않는 부진을 거듭하게 된다. 30라운드
키에보와의 홈 경기에서 3-3 무승부를 거두더니 36라운드 아탈란타 전까지
7경기 동안 단 1경기도 이기지 못한 것이다. 중간에 라치오와의 코파 이탈리아
4강전도 패배하면서 유벤투스는 깊은 부진에 빠졌다.
희망이 절망으로 바뀌자 유벤투스는 빠르게 움직였다. 라니에리의 해임은 이미
결정되어 있었고, 유벤투스는 후임 감독으로 누구를 데려올 것인가를 고민하고

CHAPTER 2

친정팀
유벤투스에서
성공가도
달리다

2011-2014

콘테가 선수로서 유니폼을 벗고, 다시 친정팀 유벤투스에 돌아오기까지 그리 오랜 시간이 필요하지 않았다.
안토니오 콘테는 아직 40대 초반에 불과한 젊은 지도자였지만, 유벤투스를 떠나 있던 7년이라는 시간 동안
여러 클럽에서 많은 경험을 쌓고 유의미한 성과들을 거두었기에 이탈리아와 유럽 축구를 대표하는 빅클럽
유벤투스의 감독이 되기에 부족할 것이 없는 감독으로 성장해 있었다. 이제 그의 역량을 보여주기만 하면 됐다.

있었다. 당시 바리에서 한창 승격이 유력해 보이던 시기에 콘테는 유벤투스 측으로부터
연락을 받았다. 하지만, 당시 팀의 핵심 선수였던 지에구는 콘테가 감독으로 부임한다는
이야기를 듣고 난색을 표했다. 콘테는 당시 4-2-4 시스템을 추구하고 있었는데, 지에구는
그러한 시스템에서 뛰는 것을 원하지 않았다. 이 이야기를 들은 콘테는 세코 단장에게
선수 하나가 전술에 영향을 끼친다면 그 팀을 맡기 어렵다고 답했다.
결국 유벤투스는 라니에리 대신 수석코치였던 치로 페라라를 임시 감독으로 선임했다.
페라라는 남은 2경기를 승리하면서 반전에 성공했고, 흔들리던 팀을 잘 정비했다는
평가를 받았다. 결국 유벤투스는 페라라를 유벤투스의 새로운 감독으로 임명했다.
08/09 시즌 마지막 라운드 라치오 전의 승리가 클럽에게는 좋은 인상을 남겼다.
불과 얼마 전 코파 이탈리아 4강전에서 라니에리가 패했던 상대에게 페라라는 승리를
거뒀기 때문이었다. 페라라는 리그 첫 4경기를 승리로 장식했다. 그리고 2009/10 시즌
콘테가 아탈란타에서 빠르게 물러나면서 페라라가 감독이 된 것은 좋은 결정처럼 보였다.
그러나 콘테가 아탈란타에서 사임하던 그 무렵부터 유벤투스도 크게 흔들렸다.
챔피언스리그에서는 보르도와 바이에른뮌헨에게 연패하면서 결국 16강 진출에
실패했고, 리그에서도 패배가 이어졌다. 무리뉴가 이끌던 인테르에게 승리를 거둔 것만이
작은 위로였을 뿐이었다. 결국 페라라는 버티지 못했다. 로마에게 패배한 데 이어
코파 이탈리아 8강 인테르 전 마저 패배한 뒤 페라라는 팀을 떠나야 했다. 인테르는
트레블을 달성하며 구단 역사상 최전성기를 달렸고, 유벤투스는 7위에 머물렀다.
페라라, 자케로니, 델 네리. 2009년부터 2011년까지 2년 동안 유벤투스의 감독들은
모두 실패하고 말았다. 두 시즌 연속 7위. 이탈리아에서 가장 많은 영광을 차지한 팀의
성적으로 보기에는 너무나 초라했다. 팀은 보다 근본적인 변화가 필요했으며,
유벤투스의 자존심을 다시 세우고 승리를 가져줄 인물이 필요했다.
2010년 다시 아넬리 가문이 전면에 나서면서 회장이 된 안드레아 아넬리는 고민했다.
다가올 시즌은 새로운 구장에서 시작하는 만큼 아넬리는 지금까지의 실패를 단숨에
만회하고 싶었다. 유벤투스의 팬들은 당시 막 떠오르고 있던 젊은 감독 빌라스보아스나
한정된 지원에도 불구하고 인테르와 경쟁했던 로마의 스팔레티 등이 감독이 되길 바랐다.
콘테의 경우 언론을 통해 감독 후보로 거론되고는 있었지만, 페라라의 앞선 경험 때문에
팬들이 그리 반기는 인물은 아니었다.
한편, 콘테는 자기 나름대로의 고민이 있었다. 아탈란타에서 불명예스럽게 물러난 이상
그에게 1부리그에서 감독할 기회가 많이 주어지지는 않을 것 같았다. 조만간 큰 팀을
맡지 못한다면 더 이상 감독직에 미련을 갖지 않기로 결정하고 콘테는 아넬리 회장과의
만남을 만들었다. 그때까지만 해도 아넬리 회장은 콘테에게 큰 관심은 없었다. 단지
클럽의 레전드이기 때문에 대접하고 예우한다는 느낌으로 콘테를 대했다. 하지만,
안드레아 아넬리와의 식사 자리에서 콘테는 자신의 축구철학과 유벤투스를 다시
유벤투스답게 만들기 위한 방법에 대해 열정적으로 이야기했고, 이는 아넬리에게 깊은
감명을 주었다. 유벤투스에서 수많은 트로피를 들어올린 레전드. 선수 시절 누구보다
많이 뛰고, 누구보다 승리를 갈구했던, 유벤투스의 주장. 콘테야말로 그 자리에 어울리는
인물이었다. 아넬리 회장은 콘테에게 유벤투스의 감독 자리를 제안했고, 콘테는 즉시
받아들였다. 그렇게 콘테는 유벤투스의 새로운 감독이 되었다. 훗날 콘테는 그 날
토리노로 갔던 여행은 자신의 인생에서 가장 아름다운 여행이라고 말했다.

02

유벤투스와
콘테의 동행 시작

2011/12시즌

안드레아 피를로는 콘테의 영혼에는 마치 유벤투스의 정신 그 자체가 새겨져 있는
것 같다고 말한 적이 있다. 밀란의 가장 위대한 선수였던 피를로는 알레그리 감독
아래서 점점 중용받지 못했고, 사람들은 피를로도 나이가 들어 더 이상 좋은
활약을 보이기 어렵다고 생각했다. 피를로가 콘테와 같은 시기에 유벤투스로
건너온 건 행운이었다. 지금에 와서 생각해보면 콘테와 피를로는 서로가 있었기에
유벤투스에서 위대한 업적을 달성할 수 있었다.
콘테는 첫 번째 훈련때부터 성난 사자와 같이 으르렁대면서 선수들을 거칠게 몰아
부쳤다. 그는 선수들에게 끊임없이 헌신적인 태도와 지치지 않는 열정을 요구했다.
유벤투스의 선수들은 콘테 아래서 오직 승리만을 생각하기 시작했다. 그렇다고
콘테가 전술적인 면을 간과한 것은 아니었다. 유벤투스 부임 초기에는 시에나
시절과 마찬가지로 공격적인 4-4-2를 사용했다. 자케리니와 시모네 페페를
좌우 윙어로 세우고 전방 공격수는 델 피에로와 다른 파트너 한 명을 세우는
방식이었다. 콘테는 첼시 때까지 늘 공격적인 4-4-2를 실험하곤 했다.
델레 알피를 대신한 유벤투스 스타디움(알리안츠 스타디움)의 첫번째 공식
경기이자 콘테의 리그 데뷔전 상대는 파르마였다. 유벤투스는 4-1의 대승을
거두면서 상쾌하게 출발했다. 이 경기에서 피를로는 전성기 시절과 마찬가지로
엄청난 활약을 펼쳤으며, 리히슈타이너와 비달도 유벤투스에서 데뷔했다.
특히 후반에 교체출장한 비달의 활약은 놀라웠다. 비달은 엄청난 활동량으로

유벤투스에 기동력과 활기를 불어넣어 주었고 골까지
기록했다

피를로와 마찬가지로 이 시즌에 새로 영입된 비달은 칠레
대표팀으로 코파 아메리카에 참가했기 때문에 팀에 늦게
합류했다. 더구나 이탈리아어 소통이 서툴렀기에
훈련장에서는 콘테에게 깊은 인상을 남기지 못했다. 전술적
지시를 하기 위해서는 코치가 직접 비달의 팔을 끌고
움직여야 했을 정도였다. 그러나 첫 번째 파르마와의 경기를
치르고 난 뒤 콘테는 곧바로 깨달았다. 자신의 팀에는

피를로와 마르키시오 뿐만이 아니라 비달이라는 세계
최고의 미드필더가 있다는 것을.

콘테는 여전히 공격적인 4-4-2를 사용하고 싶은 마음이
있었지만, 이대로라면 세 명의 훌륭한 미드필더들을 모두
쓸 수 없었다. 게다가 양과 질적인 면 모두 팀의 측면자원이
충분치 못했다. 우측 풀백인 리히슈타이너만이 기대
이상으로 좋은 모습을 보였다. 좌측 풀백인 데 첼리에는
종종 실수가 나왔고, 그로소는 독일 월드컵 우승 이후 계속
내리막 길을 걸었다. 우측 윙어인 크라시치는 델 네리 시절

우린 지난 두 시즌 동안 7위 그쳤다.

정말 형편없는 일이다.

난 그런 걸 보려고 여기 온 게 아니다.

이제 정말 다들 그만 정신 차리자!

지난 두 시즌 동안은 전부가 다 못했다.

우리가 다시 유벤투스로 돌아가기 위해서는

뭐든지 다 해야 한다.

뱃머리를 돌리라는 건

정중하게 하는 요구가 아니다.

이건 반드시 해야 하는 의무다.

너희들이 해야 할 일은 간단하다.

내 말에 절대 복종해라.

원래 우리가 있어야 할 자리로

돌아간다는 목표에 집중해라.

팀의 역사가 그걸 증명한다.

이번 시즌 3위 안에 못 들어가면

죄악이나 다를 바 없다.

후반기와 마찬가지로 콘테가 원하는 움직임을 잘 가져가지 못했고, 시모네 페페가 그나마 괜찮은 윙어였다.
콘테는 지난 몇 번의 감독 경험을 통해 팀의 장점을 극대화하는 것이 더 낫다는 사실을 잘 알고 있었다. 콘테는 피를로, 마르키시오, 비달을 모두 기용하는 전술을 고안했고 그렇게 4-3-3으로 포메이션이 변했다. 그리고 데 첼리에 대신 키엘리니를 좌측 풀백으로 기용하면서 팀은 공격 시에는 백3 비슷하게 운용됐다. 이는 과거 자신의 감독이었던 트라파토니가 고안한 조나 미스타의 영향을

받은 것으로 추측된다. 그리고 마침내 완전한 백3인 3-5-2 시스템을 사용하기 시작했고, 서서히 그 비중을 늘리게 된다. 이 시기는 콘테가 감독생활을 하는 데 매우 중요한 전환점으로 이 때 팀의 밸런스를 찾아내는 과정은 이후 다른 팀에서도 전술적 구상을 하는 데 있어 큰 영향을 끼치게 된다.

JUVENTUS

2 0 1 1 / 1 2

유벤투스 주요 경기 프레이어 연감

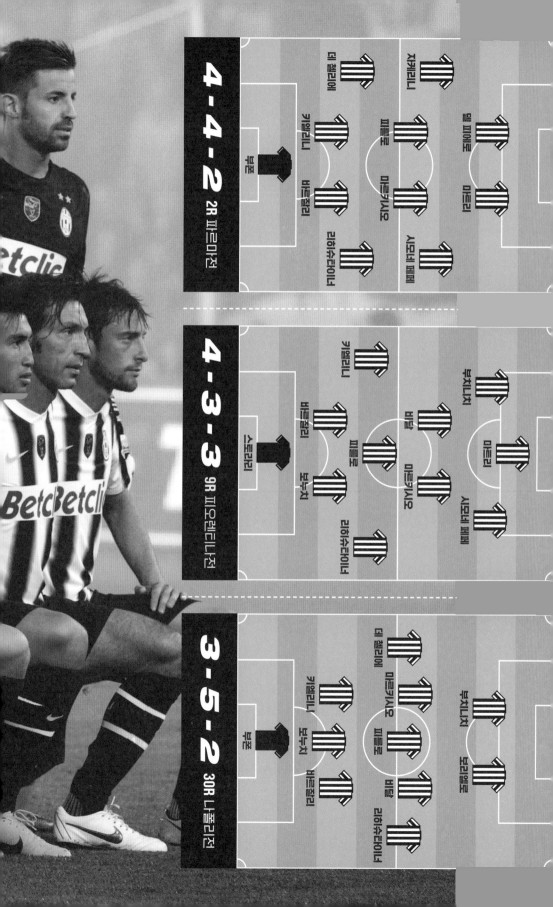

03

기적의 무패 우승

파르마와의 환상적인 개막전 승리 후에 유벤투스는 점점 지지 않는 팀으로
발전했다. 6라운드에서 지난 시즌 우승팀인 밀란을 만났을 때 꽤 고전하기는
했지만, 경기가 거의 끝나갈 무렵 마르키시오가 연달아 2골을 터트리며 결국
승리를 거뒀다. 이어 9라운드 피오렌티나전을 승리로 마쳤을 때 유벤투스는
2005/06 시즌 이후 최초로 리그 테이블 최상단에 올랐다. 이런 승리들은 모두
콘테가 강조한 정신적 강인함과 전술적 아이디어들을 선수들이 잘 받아들여
소화해냈기 때문이다.

콘테가 처음 백3를 사용한 것은 난타전으로 끝났던 나폴리와의 원정경기였다.
나폴리의 챔피언스리그 경기 때문에 연기된 11라운드 경기에서 콘테는 키엘리니-
보누치-바르잘리를 앞세운 백3를 처음 선보였다. 이는 몇 가지 이유가 있었는데,
일단 당시 이탈리아 리그에서는 백3를 기반으로 한 축구가 좋은 성적을 내고
있었다. 유벤투스와 맞붙게 된 나폴리는 마차리 감독의 지휘 아래 수니가와
마지오의 윙백들, 그리고 라베치와 같은 선수들을 앞세워 상당히 공격적인 백3를
구사했고, 귀돌린 감독이 이끄는 우디네세 역시 디 나탈레를 앞세운 역습축구로
선두권을 위협할 정도로 강한 모습이었다.

콘테는 전반기에 이 두 팀을 상대로 백3를 사용했다. 공격적인 4-4-2를
사용하거나, 혹은 4-3-3을 사용할 경우 측면 공간을 상대에게 허용했을 때
수비적인 부담이 클 수밖에 없었다. 또 나폴리와의 경기는 마르키시오가

요즘 우리 팀이 잘한다고 하는데,
나는 그게 두렵다. 왜냐하면 이런 말들이
너희를 느슨하게 만들기 때문이다.
박수를 받고 인정받고,
전부 대단하다고 하지만 현실을 보자.
우리에게 현실은 땀과 희생을 통해
경기장에서 보여주는 것뿐이다.
이런 것들이 시즌 내내
우리를 이끌어 온 것이다.
아직 우리가 이룬 것은 아무것도 없다.
스쿠데토를 따내고 싶다면, 마지막 경기의
마지막 순간까지 피를 토해내야 한다.
그러기 위해서는 우리 모두가
올바른 태도를 가져야 한다.

경고누적으로 나올 수가 없었기 때문에 수비숫자를 하나 더 늘리려는 실리적인 이유도 있었다.

그럼에도 불구하고 나폴리와의 경기는 쉽지 않았다. 지금까지 유벤투스가 무패를 달리고 있었지만 전 시즌 3위팀과 7위팀의 대결이었다. 유벤투스는 전반에만 2골을 내주면서 2-0으로 끌려갔고, 후반 초반에 마트리가 만회골을 넣었지만, 판데프에게 한 골을 더 내주면서 패색이 짙었다. 그러나 3-1이 된 3분 후에 에스티가리비아가 다시 한 골을 따라갔고, 80분에는 시모네 페페의 동점골이 터지면서 결국 유벤투스는 패하지 않았다. 만약 이 경기에서 유벤투스가 패했다면, 콘테는 백3를 사용하려는 구상을 접었을 지도 모른다. 그리고 지금 우리가 아는 백3 전문가 콘테의 모습도 없었을 것이다. 하지만, 이 때의 경험을 토대로 콘테는 자신만의 백3를 조금씩 발전시키기로 마음먹었다.

그렇게 해서 탄생한 것인 저 유명한 'BBC' 수비라인이다. 바르잘리, 보누치, 키엘리니의 백3는 지금까지도 견고한 백3

수비라인의 대명사이다. 그 철벽과도 같은 수비진 뒤에 골키퍼로 부폰이 버티고 있었으니 유벤투스에게 골을 넣는 것은 너무나 어려운 일이었다. 후반기 들어와 유벤투스는 4-3-3과 3-5-2를 병행하면서 상대하는 팀들을 늘 어렵게 만들었다. 콘테는 코파 이탈리아를 통해 3-5-2를 가다듬었고, 이를 리그에 적용했다. 코파 이탈리아 16강과 8강에서 로마와 밀란을 상대로 모두 승리를 거뒀고, 이를 토대로 3-5-2를 사용하는 비중이 점점 늘어갔다. 시즌을 시작할 때 불균형해 보였던 선수단은 3-5-2를 사용하면서 확실히 더 균형 잡혀 보였다. 측면 미드필더로는 애매해 보였던 에스티가리비아나 자케리니 같은 선수들은 윙백 자리에서 비교적 안정적인 활약을 펼쳤다. 뒤에 막강한 수비라인이 버티고 있으니 윙백들도 자신감을 갖고 플레이를 할 수 있었던 것이다.

리그를 진행하면서 팀의 시스템은 변했지만, 콘테가 강조하는 축구의 철학 자체가 바뀐 것은 아니었다. 콘테는 끊임없이 뛰며 수비에 가담해 상대를 압박하기를 원했고,

가능한한 공을 오래 소유하기를 원했다. 빌드업은 후방부터 차례로 빌드업 하기를 원했고, 짧은 패스와 긴 패스를 적절히 섞어가면서 상대가 수비하는 데 어려움을 겪기를 원했다. 경기에서 이러한 것들을 구현하기 위해서 훈련을 철저하게 진행했고, 늘 인내심과 절대 포기하지 않는 정신을 강조했다.

코파 이탈리아 4강에서 밀란을 탈락시키고 결승에 올랐지만, 3월 말까지도 리그에서는 밀란이 더 앞서 있었다. 바로 그 코파 이탈리아에서 밀란을 탈락시킨 5일 후에 벌어진 29라운드 인테르와의 경기부터 유벤투스는 엄청난 뒷심을 발휘하게 되는데, 29라운드부터 35라운드까지, 그것도 인테르, 나폴리, 라치오, 로마가 포함된 일정에서 무려 7연승을 거둔 것이다. 2011년 4월 11일 32라운드 라치오 전을 승리로 장식한 후에 유벤투스는 마침내 밀란으로부터 1위를 되찾았다. 선두를 탈환했지만, 콘테는 마지막까지 선수들이 방심하지 않기를 바랐다.

그 뒤 시즌이 끝날 때까지 유벤투스는 단 한 번도 1위를

내주지 않았다. 운명의 37라운드 밀란은 인테르와의 밀라노 더비에서 4-2의 패배를 당했고, 유벤투스는 칼리아리를 상대로 2-0 승리를 거뒀다. 1경기를 남겨둔 채로 유벤투스의 우승이 확정된 순간이었다. 이탈리아의 올드 레이디는 마침내 왕좌에 다시 올랐다.

우승을 확정 지었어도 선수들은 콘테의 말처럼 마지막 경기의 마지막 순간까지 최선을 다했다. 아탈란타와의 38라운드 경기에서는 마르키시오, 비달, 부폰 같은 주전 선수들이 선발로 나오지 않았음에도 불구하고 전반 30분만에 2-0을 만들면서 일찌감치 승기를 잡았다. 83분에 자책골을 내주면서 잠시 흔들리기도 했지만, 추가시간에 얻어낸 PK를 바르잘리가 성공시키면서 3-1의 완승을 거뒀다. 동시에 이탈리아 역사상 유이한 '무패 우승' 신화가 완성됐다. 유벤투스의 무패 우승은 1991/92 시즌 카펠로의 밀란 이후로 최초였다. 지금까지도 밀란과 유벤투스, 오직 두 클럽만이 무패 우승 시즌을 치른 팀으로 남아 있다.

BARZAGLI

BONUCCI

CHIELLINI

35 GAMES
3,015 MINUTES
1 GOAL
1 ASSIST

32 GAMES
2,637 MINUTES
2 GOALS
1 ASSIST

34 GAMES
3,023 MINUTES
2 GOALS
2 ASSISTS

04

뜻밖의 암초

리그가 끝난 뒤 펼쳐진 나폴리와의 코파 이탈리아 결승에서는 아쉽게 패배하면서
2개의 우승컵을 들어올리는 데는 실패했지만, 유벤투스의 팬들은 팀이 마침내
정상궤도에 오른 것을 기뻐했다. 토리노에서 대규모의 카퍼레이드가 열렸고,
콘테와 선수들은 많은 팬들의 환호를 받으면서 우승을 만끽했다. 유벤투스는
우승을 차지한 콘테에게 연봉을 2배로 인상하는 재계약을 제안했고, 콘테는 이를
받아들임과 동시에 바로 다음 시즌을 구상하기 시작했다. 순탄하게 유벤투스의
새로운 사이클이 열리는 듯 보였다.

하지만, 그 직후 또다른 승부조작 스캔들이 터지면서 이탈리아 축구계는 다시
어수선해졌다. 스포츠 도박과 관련되어 많은 선수들이 마피아와 연계되어 돈을
받고 승부조작에 가담한 정황들이 발견됐다. 이탈리아에서 공식적으로 발행되는
스포츠 복표인 스콤메제(scommese; 한국의 스포츠 토토와 유사)와 관련되었기
때문에 이 사건은 '칼초 스콤메제'라고 불렸다. 이 사건에는 많은 선수들이
연루되어 조사를 받았지만, 유벤투스에게 가장 충격적인 것은 여기에 보누치와
시모네 페페, 그리고 콘테 감독까지 포함되었다는 점이었다.

사실 이 사건은 이미 시즌 도중에 언론을 통해서 보도가 먼저 된 바 있었다. 다만,
본격적으로 사건이 커지면서 여러 유명한 축구계 인물들이 본격적으로 거론되기
시작한 것이 시즌이 종료된 후였다. 콘테가 승부조작 스캔들에 연루된 것은
시에나의 감독을 맡고 있던 시절이 문제가 되었다. 당시 시에나의 주전
미드필더였던 카롭비오가 '노바라와의 경기를 무승부로 끝내자고 약속했고,
당시 감독이었던 콘테도 이를 알고 있었기 때문에 안심했다'는 내용의 증언을 한
것이다. 이탈리아 스포츠 검찰은 카롭비오의 증언을 토대로 노바라-시에나,
알비노레페-시에나 경기가 조작되었다고 파악했다. 두 경기 모두 시에나가
승리하지 못한 경기였다. 검찰은 증거를 찾기 위해 콘테의 집을 압수수색했고,
콘테는 결백을 주장했다.

아벨리 회장도 콘테를 비롯해 이 사건에 연루된 선수들을 믿고 있다고 말하면서
감독 교체는 없을 것이라고 공언했다. 하지만, 우승 직후 외부 요인으로 인해서

나는 선수로서나 감독으로나 언제나 정직했고, 성실했으며 팀에 충성을 다했다.

나의 이전 동료들, 내 선수들, 그리고 심지어 내 라이벌들에게 안토니오 콘테가 어떤

사람인지 물어보라. 언제나 경기에 이기는 데 집중한다.

시에나와 함께 우리는 엄청난 노력으로 두드러진 성과를 얻었다.

환상적인 시간이었고, 그 누구도 어떤 무엇도 그 시간을 망가트릴 수는 없을 것이다.

내가 범죄 공모를 했다는 혐의를 받았고, 내가 없을 때 우리 집이 수색당했다.

고소되는 것은 그럴 수 있다. 하지만, 왜 집을 수색하고,

날 피의자로 규정하기 전에 소환한다고 한마디 말도 없었는가?

팀이 흔들리는 것은 구단과 콘테 모두에게 좋은 일이 아니었다. 결국 콘테는 팀에 더 이상 부담을 주지 않기 위해 재판이 열리기 직전 플리바겐(plea bargain; 검찰이 수사 편의상 관련자나 피의자에 대해 유죄를 인정하거나 증언을 하는 대가로 형량을 낮추거나 조정하는 협상제도)에 합의했다. 재판이 무죄가 나온다면 좋겠지만, 칼초 폴리 사건이 터진 지 얼마 지나지 않았기 때문에 이 사안은 결백을 증명하기 전까지는 유죄로 추정되었기 때문이다. 콘테는 너무나도 억울했지만, 변호사의 조언을 받아들여 3개월 자격정지에 동의했다.

하지만 예상 외로 이탈리아축구협회는 이 플리바겐을 받아들이지 않았다. 대신에 5개월 자격 정지라는 징계를 내렸는데, 이번에는 콘테가 받아들이지 않았다. 결국 재판으로 넘어갔고, 검사 측은 15개월 자격정지를 구형했다. 첫 번째 재판은 2경기 모두 혐의가 인정되어 10개월 자격정지로 판결이 났다. 콘테는 당연하게도 크게 반발했다. 그나마 보누치와 페페가 무혐의로 결론이 난 것이 다행이었다.

두번째 판결에서도 콘테의 10개월 자격정지는 바뀌지 않았다. 노바라-시에나 경기가 무죄라고 판단했음에도 콘테에게 내려진 판결은 똑같았다. 콘테는 기자회견을 자청하고 자신의 결백을 강력하게 주장했다.

"이제서야 내가 말을 할 때가 된 것 같다. 지금까지 나는 조용하게 기다렸다. 검사와 판사들이 있으니까. 어떤 사람들은 나에게 왜 아무 말도 안 하느냐고도 물었다. 하지만, 내가 항상 그랬던 것처럼 나는 규칙을 존중했을 뿐이다. 경기장에서도 경기장 밖에서도, 내가 잘했다고 생각한다. 두 번째 판결이 나오고 나서 나는 정말 어이가 없었다. 내게 판결했던 판사들 중 하나는 혹시 다른 축구 팀을 지지하는 팬인가, 혹은 내게 개인적인 악의가 있어서 이러나 하는 생각까지 들 정도였다. 늘 말했듯이 나는 항상 올바르게 행동했다. 언제나 언제나."

"노바라와 시에나 경기에 대해서 말해보자. 이 경기와 스콤메제를 얘기하면서 TV에까지 내 얼굴이 나왔다. 나는 평생 배팅 한번 해본 적이 없는 사람인데. 이 경기 전 팀미팅에서 내가 선수들에게 우리 경기가 이미 비기기로 결정됐다고 말했다고 한다. 팀미팅이 어떤 건지 설명해 주겠다. 팀미팅은 신성한 것이다. 경기전에 팀미팅에서 우리는 기술적 요소, 전술적 요소, 사진 등을 다 보여주고, 상대를 어떻게 괴롭힐지 우리가 어떻게 해야 찔리지 않을지 다 얘기한다. 그 다음에 내가 동기부여를 위한 이야기를 한다. 상황에 따라서 내가 선수들에게 더 긴장감을 줘야 하는지, 아니면 긴장감을 좀 풀어줘야 하는지. 그리고 나서

내가 비기자라고 말했다는 것이다. 25명의 선수들 앞에서 내가 완전 멍청이로 보이게. 그들의 가족 앞에서, 그들의 에이전트 앞에서. 이게 바로 나를 칼초 스콤메제로 데려간 악명높은 고발이다. 지금 나는 칼초 스콤메제의 대명사처럼 되어버렸다."

"처음에는 카롭비오를 거짓말쟁이라고 했다. 그러면 믿을 수 없는 사람이다. 하지만, 나를 조사한 검찰에게 있어서 카롭비오는 완전히 믿을 만한 사람이다. 반면에 그들에게 콘테는 믿을 수 없는 사람이다. 내가 생각할 때 나는 인생에서 많은 신뢰를 받았다. 이번 사건에서 지난 3년간 경기를 팔고, 자신을 팔고, 가족들을 팔고, 동료를 팔았던 사람들과는 다르게. 그런데 나는 검사에게서 그런 사람은 믿을 수 있고 나를 믿을 수 없다는 말을 들어야 했다. 플리바겐은 협박과도 같았다. 불행하게도 나의 변호사들이 사용할 수밖에 없었던 방법이다. 나는 무죄다. 그런데 스포츠 법정 시스템에서는 우리를 방어할 수 없고 완전무죄를 증명하기는 어려우니 그냥 플리바겐 협상을 하자는 말을 변호사에게 들었다. 나는 무죄인데도! 이런 시스템에서 플리바겐은 협박이나 다름없다."

"이건 부끄러운 일이다. 다 끝났으니 오늘은 전부 얘기할 수 있다. 끝났다는 건 이제 내가 그 검찰들이나 판사들과는 다시 볼 일이 없다는 것이다. 나에게는 한번의 항소 기회가 남아있고, 그들과는 정말 끝났다. 노바라-시에나 건은 나에게 정말 부끄러운 고발이다. 어떤 감독이라도 부끄러울 것이다. 락커룸에서의 내 신뢰성이 의심받았다. 그렇지만 나를 아는 사람들은 모두 안토니오 콘테가 어떤 사람인지 알 것이다. 모든 유벤투스 선수들이 아는 것처럼. 시즌 도중에 보도가 나왔지만, 내 일을 하는 데 아무런 문제가 없었다. 잘못된 뉴스, 그래 가짜 뉴스라고 말하겠다. 한참 전에도 이렇게 생각했지만 말하기 어려웠다."

"이건 정말 감독에게 수치스러운 고발이다. 리더가 되어야 하는 감독에게, 긍정적인 가치를 전해야 하는 감독에게, 경기장에서 승리해야 하는 감독에게. 지난 5년간 스쿠데토를 하나 차지하고 두 번이나 1부리그로 승격했다. 내가 이기니까 불쾌한가? 내 문제가 아니다. 나는 내 일을 한다. 나의 능력 안에서 최선을 다한다. 나 스스로에게 제일 먼저 최고를 요구하고, 그 다음에 내 선수들에게 그리고 내가

그리고 마지막으로
내 감독 동료들과 선수들에게
하고 싶은 말이 있다.
이번에 나와 많은 사람들에게
이런 일이 벌어졌다.
내일은 또다른 누군가에게도
이런 일이 일어날 수 있다.
이런 문제를 무시하고 나와
상관없다고 생각하지 말기를 바란다.
모든 사람에게 이런 일이 벌어질 수 있다.
모두 눈을 떠라.

일하는 클럽에게 최고를 요구한다. 이 때문에 짜증나는 사람이 있다면, 그건 내 문제가 아니다."

"노바라-시에나 무죄. 좋다. 이제 하나만 남았다. 그 나머지 하나는 내가 또 잘못했다고 한다. 알비노레페-시에나. 콘테는 모를 수가 없었기 때문에 유죄라고 한다. 내 변호사들이 모를 수가 없었다는 게 무슨 뜻인지 한참을 설명해줬다. 그렇지만 누가 나한테 그게 무슨 뜻인지 이해했냐고 물어본다면 나는 지금도 잘 모르겠다. 난 바보가 아닌 데도. 그렇게 방임죄 하나가 없어졌다. 방임죄 2개로 10개월이었고 이제 하나가 남았으니 판결이 좀 내려갈 거라 기대했다. 그런데도 10개월이다. 정말 어이없다. 오늘은 다 얘기할 수 있다. 나에게 있었던 모든 일들이 다 어이없다. 유벤투스팬뿐만이 아니라 모든 축구팬들이 나에게 무슨 일이 벌어졌는지 다 알아야 한다. 왜냐하면 이건 나에게도 이탈리아 축구에도 수치스러운 일이기 때문이다."

"나의 방임죄라는 것은 '폭로'하지 않았기 때문이라고 한다. 내가 뭘 봤다면 그걸 폭로해야만 한다는 뜻이다. 그런데, 내가 아무것도 못 봤으면 도대체 뭘 폭로해야 하나? 내가 폭로할 거리를 하나 만들어야 하나? 대체 그들은 무슨 헛소리를 하고 있는 건가? 솔직히 말하자면, 이 어이없는 일 때문에 내가 리더가 되어야 하는 락커룸에 들어가는 것이 두렵다. 거기서 선수들과 어떤 싸워야 하는 일이 생길까봐 무섭다. 어떤 선수를 출장시키지 않는 것도 무섭다. 왜냐하면 훗날 무슨 일이 일어날 줄 알고? 만약에 그 선수가 화가 나서 뭔가를 '폭로'하면 어떻게 될까? 이게 바로 스포츠 법정이 내린 판결이다. 스포츠 법정은 3년반이나 경기를 팔고, 자신을 팔고, 가족, 동료 모두를 팔았던 사람이 진실을 이야기한다고 생각한다. 그래서 난 무섭다. 정말 무섭다. 어쩌면 내 머리에 카메라를 달고 다니면서 하루 24시간 동안 무슨 일이 일어나는지 다 찍어야 할지도 모르겠다."

마지막 항소 재판에서 콘테의 징계는 10개월에서 4개월로 감소되었다. 콘테는 2012년 12월 9일에 유벤투스 감독으로 돌아올 수 있게 됐다. 유벤투스는 우선 카레라 코치가 대행을 맡고, 그 뒤 먼저 징계가 풀리는 알레시오 수석코치가 감독 대행을 이어받는 것으로 결정했다. 콘테의 칼초 스콤메제 스캔들과 관련해서 나온 사실은 다음이 전부이다. 콘테는 시에나의 감독을 맡던 시절 주전 미드필더였던 카롭비오의 증언에 의해서 이 사건과 연루되었다. 카롭비오는 처음에는 콘테가 직접 무승부를 지시해 승부조작에 가담했다고 증언했지만, 당시의 다른 모든 동료 선수들이 콘테는 그런 말을 한 적이 없다고 증언했다. 그러자 카롭비오는 증언을 번복해 콘테가 승부조작을 직접 지시하지는 않았지만, 알고는 있었고 묵인했다고 주장했다. 카롭비오는 플리바겐을 통해 20개월의 자격정지를 받았지만, 이후 여죄가 더 드러나면서 최종적으로 26개월의 징계를 받았다.

2011.1

2011년 1월 베네벤토로 이적한 골키퍼 마르코 파올로니와 관련된 의혹으로부터 시작된 이탈리아의 승부조작 스캔들이 바로 '칼초 스콤메제'다. 파올로니는 베네벤토로 이적하기 전 크레모네세에서 스포츠 복표인 스콤메제와 관련해서 승부조작을 주도한 인물로 그는 팀 동료를 고의로 도핑해서 경기에 나서지 못하게 하고, 불법 배팅을 일삼고, 많은 동료들을 승부조작에 끌어 들인 혐의를 받았다. 2011년 6월부터 본격적인 조사가 시작됐는데, 이때 파올로니뿐만이 주세페 시뇨리와 크리스티아노 도니 같은 스타들도 연루되어 큰 충격을 줬다. 아이러니하게도 도니는 아탈란타에서 콘테와 가장 큰 불화를 일으켰던 인물. 사건은 점점 커져서 라치오 주장단의 일원이던 스테파노 마우리가 체포되었고, 디 바이오, 칼라제, 주세페 스쿨리, 펠리시에르와 크리시토까지 이름이 거론됐다. 크리시토는 이 사건때문에 유로 2012 이탈리아 대표팀에 선발되고도 결국 참가하지 못했다. 이 때 카롭비오가 검찰 조사를 받으면서 콘테가 연루되었다고 주장해 콘테도 결국 조사를 받게 됐다. 콘테와 함께 시에나 시절의 코칭스태프였던 알레시오와 스텔리니 모두 조사를 받아 징계가 주어졌다. 한편, 디 바이오, 시모네 페페, 보누치, 크리시토는 무죄 판결을 받았다.

주요 구단 징계

*2012/13시즌 승점 감점

세리에 A	시에나 ▶ 6점 감점
	아탈란타 ▶ 2점 감점
	삼프도리아 ▶ 1점 감점
	토리노 ▶ 1점 감점
세리에 B	바리 ▶ 7점 감점
	그로세토 ▶ 6점 감점
	노바라 ▶ 3점 감점
세리에 C	알비노레페 ▶ 6점 감점

주요 개인 징계

*자격정지

안젤로 알레시오 ▶ 2개월
안토니오 콘테 ▶ 4개월
필리포 카롭비오 ▶ 2년 2개월
크리스티안 스텔리니 ▶ 2년 6개월
크리스티안 베르타니 ▶ 3년
니콜라 벤톨라 ▶ 3년 6개월

CALCIO 칼초 스콤메제 스캔들

SCOMMESSE

05

우여곡절 속에
리그 2연패 달성

2012/13시즌

콘테와 알레시오가 모두 징계를 받게 되면서 경기장에는 카레라 코치만 들어갈 수 있었다. 감독이 없는 몇 달간 팀이 정상적으로 돌아갈 수 있을까 의문을 가진 사람들이 있었지만, 한번 왕좌에 돌아온 유벤투스는 크게 흔들리지 않았다. 콘테는 여전히 유벤투스의 실질적인 감독으로 선수들을 훈련시키고, 경기를 준비했다. 유벤투스는 12/13 시즌을 앞두고 아사모아와 이슬라 같은 측면자원의 보강도 단행했고, 맨유에서 자유계약으로 나온 포그바를 영입해 미래에 대비하는 것도 잊지 않았다.

마시모 카레라 코치가 임시로 감독 역할을 맡은 유벤투스는 시즌 개막 이후 10라운드까지 패하지 않으면서 계속 무패기록을 이어갔다. 그러나 10월에 알레시오 수석코치가 복귀한 이후 인테르에게 패하면서 유벤투스의 무패기록은 49경기에서 멈췄다. 동시에 유벤투스 스타디움 개장 이후 처음으로 당한 패배이기도 했다. 이후 밀란에게도 패하면서 유벤투스는 잠시 흔들리는 것처럼 보였다. 15라운드를 마친 상황에서 유벤투스는 1위를 달리고 있었지만, 2위 나폴리나 3위였던 인테르와 승점차이가 그리 크지 않았다. 어쩌면 위기가 될 수도 있는 이 절묘한 타이밍에 콘테가 복귀했다. 그리고 콘테는 아무렇지도 않은 듯 다시 유벤투스를 승리로 이끌었다. 복귀 후 12월에 치른 4경기를 모두 이겼다. 나폴리에게 2점차까지 허용했던 승점차이도 다시 8점으로 벌려 놨다.

카레라―알레시오―콘테로 이어지는 동안 팀의 전술이 크게 변화한 것은 아니었다.

어차피 팀은 계속 콘테가 관리하고 있었다. 다만 팀의
보스가 다시 경기장으로 돌아와 벤치에 앉아 있다는
것만으로도 선수들에게는 큰 심리적인 안정감을 주었을
것이다. 돌이켜 보면 콘테가 경기장에 들어올 수 없었던 이
기간이 유벤투스에게는 가장 위험한 시간이었지만, 팀은 큰
문제없이 순항했다. 챔피언스리그에 나가면서 여러 대회를
병행해야 하는 것, 다시 챔피언이 되어야 하는 압박감,
감독의 부재 등 이런 문제들은 서로 얽히면서 이제 막
왕좌에 복귀한 팀에게 부담이 될 수도 있었다.

하지만, 콘테가 만들어 놓은 팀은 생각보다 훨씬 더
단단했다. 3월 나폴리 원정을 1-1로 마쳤을 때 유벤투스의
리그 2시즌 연속 우승은 확정된 것이나 다름이 없었다.
나폴리를 제외하고 그동안의 경쟁자였던 인테르는 겨울부터
극도의 부진을 겪으며 우승경쟁에서 제풀에 떨어져 나갔다.
35라운드 팔레르모와의 경기에서 1-0으로 승리한
유벤투스는 리그 2연패를 확정 지었다. 3경기를 남겨놓은
이 시점에서 2위였던 나폴리와의 승점차는 11점 차이였다.
최종적으로 유벤투스는 12/13 시즌에서 27승 6무 5패 승점
87점으로 우승을 차지했다. 이전 시즌보다 패배는
늘어났지만 승점은 오히려 더 많았다. 무패우승이라는
위업이 대단하긴 하지만, 그 때는 밀란과 치열하게
선두다툼을 한 끝에 얻어낸 우승이었다. 하지만, 이번에는
나폴리가 조금 위협이 되었을 뿐 유벤투스는 시즌 내내 1위
자리를 한 번도 놓친 적이 없었다.

물론, 아쉬운 점이 없는 건 아니었다. 준결승까지 진출한
코파 이탈리아에서 라치오에게 패배해 탈락한 점과
챔피언스리그에서 바이에른뮌헨과의 8강에서 한 골도 넣지
못하고 합산 4-0 패배로 탈락한 것은 확실히 아쉬울 만했다.
리그에서 압도적인 모습을 보여준 것에 비해서는
컵 대회에서는 그 강력함이 덜 느껴졌다. 그래도 라치오는
코파 이탈리아 우승팀이었고, 바이에른뮌헨은 챔피언스리그
우승팀이었다. 특히 바이에른뮌헨은 그 때가 하인케스
감독의 지휘 아래 모든 대회를 다 우승한 트레블
시즌이었다. 바이에른은 4강에서도 바르셀로나를 상대로
합산 7-0의 승리를 거뒀다.

시즌을 진행하면서 팀 내 주요 선수의 변화도 일어났다.
포그바가 기대 이상으로 뛰어난 모습을 보이면서
미드필드의 핵심 선수로 떠올랐고, 우디네세에서 미드필더로
더 많이 뛰었던 아사모아는 데 첼리에를 밀어내고 좌측
윙백 자리를 차지했다. 부치니치, 마트리, 조빈코 등 여전히

공격진의 무게감이 아쉽긴 했지만, BBC를 앞세운 수비진은
안정감을 잃지 않았다. 12월부터 2월까지 키엘리니가
장기부상으로 이탈한 시점에 잠시 흔들리기도 했으나,
콘테는 카세레스를 센터백으로 기용하면서 팀의 스타일을

유지했다. 카세레스는 이 시기 이후 종종 윙백과 센터백을 오가면서 중요한 유틸리티 자원으로 활약했다. 한번 반석 위에 올라선 유벤투스는 위기가 있어도 오래가지 않았다. 콘테가 팀을 맡은 지 2년만에 유벤투스는 완전히 다른 팀이

되어 점점 더 강해지고 있었다. 사소한 악재에도 흔들리고 추락하던 유벤투스는 더 이상 볼 수 없었다. 유벤투스는 이제 '넥스트 레벨'로 나아가고 있었다.

06

리그 3연속
우승 거두고 떠나다

2013/14시즌

리그 2연패에 성공한 유벤투스와 콘테는 더 높은 곳을 바라보기 시작했다. 이제
이탈리아 내에서 유벤투스의 적수라고 부를 만한 팀은 더 이상 없었다. 밀란은
이미 1년 전에 이브라히모비치와 치아구 시우바가 PSG로 이적해 공수의 구심점이
사라진 상태였고, 인테르는 모라티 시대가 끝나고 인도네시아의 토히르가 구단을
인수해 변화의 시기를 맞고 있었다. 남부의 강자 나폴리는 새로 베니테스 감독이
부임해 이과인, 라울 알비올, 카예혼 등 레알마드리드 출신을 영입하며 변화를
꾀했지만, 이미 인테르에서 실패한 전력이 있는 베니테스 감독이 얼마나 성과를
낼지는 미지수였다. 반면, 유벤투스는 MVP와 BBC로 불리는 수비-미들 라인이
탄탄하게 구축되어 있었다. 공격진만 강화한다면 이탈리아를 넘어 유럽에서도
충분히 경쟁력 있는 팀을 만들 수 있을 것 같았다. 그래서 카를로스 테베스와
페르난도 요렌테를 영입해 단숨에 공격진의 무게감을 늘렸다. 약간의 행운도
따랐는데, 요렌테는 때마침 자유계약으로 풀리는 것이 예정되어 있었고, 테베스는
맨시티에서 여러 구설수에 오르면서 저렴한 이적료로 데려올 수 있었다.
2013/14 시즌이 시작되고 예상대로 유벤투스는 초반에 무패를 거듭하며
순항했다. 다만, 몇 가지 불안요소도 보였는데, 리그에서는 유벤투스보다도 더
기세가 좋은 팀이 있었다. 뤼디 가르시아 감독이 새로 부임한 로마는 초반에
10연승을 달리면서 돌풍을 일으켰다. 로마는 나잉골란과 스트로트만을 영입해
기존의 데 로시, 피아니치와 함께 강력한 미드필드진을 구축했는데, 이것이

큰 시너지 효과를 일으켰다. 또 챔피언스리그에서는
레알마드리드, 갈라타사라이, 쾨벤하운(코펜하겐)과 함께
비교적 수월한 조에 속했다고 생각했지만, 첫 번째 쾨벤하운
원정경기부터 무승부를 거두면서 불안하게 출발했다. 이어
갈라타사라이와의 경기에서도 승리하지 못하면서
챔피언스리그 전망은 점점 어두워졌다.

몇 가지 이유가 있었는데, 우선 페르난도 요렌테의 리그
적응에 다소 시간이 걸렸다는 점이었다. 요렌테는 수년간
빌바오에서 뛰어난 활약을 펼쳤지만, 직전 시즌에는 재계약
이슈로 인한 동기부여 문제로 뛰어난 활약을 펼치지는
못했다. 게다가 시즌 초반 마르키시오는 부상으로 인해서
9월까지 경기에 나서지 못했고, 돌아온 이후에도 폼이
완전하지 못했다. 선수들의 컨디션 문제를 떠나 전술적으로
점점 유벤투스의 약점을 공략하는 팀들도 늘어났다.

이제 유벤투스를 상대하는 팀들은 피를로만 막아서는
공격전개를 충분히 방해하지 못한다는 것을 잘 알게 됐다.
나이가 든 피를로가 예전만큼 압박을 잘 벗어나지 못하는
상황이 생겼을 때 팀은 보누치의 전개능력으로 해결하곤
했다. 그러자 상대팀들은 보누치에게도 강력한 압박을 통해

유벤투스의 공격을 최대한 지연시켰다. 물론, 이를 경기
내내 지속할 수 있는 팀은 많이 없었다. 그러나 높은 레벨의
대회에서는 이런 점들이 문제가 되기 시작했다.

측면에서라도 활로를 열어주면 좋았겠지만, 이 시기의
확실한 측면 자원은 리히슈타이너 뿐이었다. 시모네 페페는
이전 시즌부터 계속 부상에 시달리며 전력에서 이탈해
있었다. 만치니 감독의 갈라타사라이와 무승부를 거두고,
비슷한 3-5-2 시스템을 사용한 피오렌티나와의
경기에서는 주세페 로시의 영웅적인 활약에 대역전패를
당하면서 유벤투스를 위기라고 말하는 사람들이 늘어났다.
콘테는 레알마드리드와의 경기에서는 보누치 대신
오그본나를 기용해 백4와 혼용된 변형된 백3를 들고
나왔지만, 키엘리니의 퇴장으로 반격할 기회조차 만들지
못했다. 사실 경기는 키엘리니의 퇴장 이전에 이미
호날두에게 2골을 내주면서 2-1로 끌려가고 있었다. 그래도
콘테는 다시 한번 위기를 잘 극복했다. 콘테는 포그바에게
좌측면을 폭넓게 활용할 수 있는 자유도를 부여하면서
피를로에게 가해지는 압박을 분산시킬 수 있도록 만들었다.
미드필드에서 포그바의 비중이 늘어나면서 기존의 MVP

(마르키시오-비달-피를로)는 이제 PVP(포그바-비달-피를로)로 변화했다. 유벤투스는 피오렌티나전 패배 이후 리그에서 7연승을 거두면서 선두를 탈환했고, 그때부터는 리그가 끝날 때까지 누구도 막을 수 없을 정도로 파죽지세였다. 단, 챔피언스리그는 제외하고. 유벤투스는 5차전인 쾨벤하운과의 홈경기에서 1승을 챙기긴 했지만, 앞선 4경기에서 승리하지 못했다는 부담감이 컸는지 마지막 갈라타사라이와의 원정경기에서 1-0으로 패하면서 끝내 16강 토너먼트 진출에는 실패했다. 유럽을 목표로 공격진을 보강한 것에 비하면 실망스러운 결과였다.

조 3위로 유로파리그에 나가 4강까지 진출하긴 했지만, 여기서도 상대적 약체인 벤피카에게 탈락하고 말았다. 원정에서 당한 패배를 극복하지 못하고 결승진출에는 실패한 것이다. 이때부터 '챔피언스리그에 약한 콘테'라는 이미지가 생겨나기 시작했다. 코파 이탈리아 역시 8강전 로마에게 패하면서 이번에도 컵대회 우승에는 실패했다. 리그에서는 33라운드가 끝난 시점에서 이미 승점 87점을 확보해 지난 시즌 우승 승점과 동률을 만들었다. 사실상 우승은 확정적이었고, 남은 것은 인테르가 가지고 있던

한 시즌 최다 승점인 97점을 넘어설 수 있느냐가 관건이었다. 벤피카와의 유로파리그 4강에서 탈락한 직후 열렸던 36라운드에서 유벤투스는 아탈란타에 승리하며 우승을 확정지음과 동시에 승점 96점을 만들었다. 남은 2경기 중 2점만 더 얻어도 역대 최다승점 팀이 될 수 있는 상황이었다.

37라운드 상대는 난적 로마. 이 시즌을 함축적으로 보여주듯 양 팀은 치열한 공방전을 펼쳤지만 좀처럼 골이 나오지 않았다. 그렇게 경기가 무승부로 끝나려는 찰나, 리히슈타이너의 패스를 받은 오스발도가 골을 넣으면서 유벤투스는 승리했다. 직전 시즌에는 로마에서 뛰었던 오스발도가 유벤투스 최다 승점 기록의 주인공이 된 것이다. 최종적으로 유벤투스가 얻은 승점은 102점. 리그 3연패와 함께 달성한 어마어마한 기록이었다.

하지만, 동시에 유벤투스가 유럽무대에서 성과를 내기 위해서는 측면자원들이 한층 더 강화되어야 한다는 사실도 깨닫게 된 시즌이었다. 역사적인 기록을 세웠지만, 여러가지 숙제도 함께 혼재된 시즌이었다. 그리고 콘테는 돌연 유벤투스의 감독을 사임하고 만다.

M   V

MVP &BBC

콘테가 유벤투스에서 리그 3연패를 하는 동안 핵심은 강력한 수비진과 미드필드진이었다. 상대적으로 공격진은 이름값이 높은 선수들도 적었고, 득점력 자체도 세 번째 시즌인 13/14 시즌에 가서야 최다득점 팀이 될 수 있었다.

마르키시오, 비달, 피를로 세 선수의 이니셜을 따 만들어진 MVP 조합은 콘테가 부임하던 시기에 피를로와 비달이 영입되면서 결성되었다. 피를로의 영입은 콘테가 적극적으로 주도했다. 자유계약으로 풀리자마자 그의 에이전트와 접촉해 전술적으로 어떻게 피를로를 활용할 것인지에 대해서 밝혔다. 피를로 역시 콘테가 말한 공격적 4-4-2에 흥미를 가졌고, 충분히 뛸 수 있다고 생각했다. 그렇기 때문에 독일에서 온 비달은 그의 초기 구상에서 조금 떨어져 있는 선수였다. 하지만, 비달이 경기에서 활약하는 것을 본 콘테는 비달이 세계 최고의 선수가 될 능력을 지녔다는 것을 직감했고, 이후 유벤투스가 밸런스를 찾아가는 데 있어서 핵심적인 선수로 활용했다. 이 조합은 과거 밀란의 세도르프-피를로-가투소 조합과도 비교되곤 하는데, 창의적인 면에서는 밀란의 트리오가 나았지만, 안정성면이라면 유베의 트리오도 만만치 않았다. 피를로는 나이가 들었지만, 여전히 엄청난 패스를 뿌릴 수 있는 선수였고, 비달은 무지막지한 활동량으로

MARCHISIO
VIDAL
PIRLO

마르키시오
94경기 19골 10어시스트

비달
96경기 28골 18어시스트

피를로
99경기 12골 28어시스트

공수 양면에서 팀에 활력을 불어넣었다. 여기에 마르키시오가 가진 전진성과 침투능력은 상대적으로 약한 공격진을 보완해주고, 팀이 경기에서 주도권을 장악하는 데 많은 도움을 주었다. 유벤투스를 상대하는 팀들은 플레이메이커인 피를로를 견제하려고 노력했지만, 측면을 통한 우회 루트나 중앙에서라도 패스가 일단 나가기만 하면 마르키시오와 비달을 막는 데는 어려움을 겪었다. 결국 유벤투스는 대부분의 상황에서 경기의 주도권을 잃지 않았고 원하는 대로 플레이를 만들어낼 수 있었다.

유벤투스의 공격진이 아주 강력하지 않았음에도 불구하고 늘 승리할 수 있었던 이유의 대부분은 MVP의 강

력한 장악력이었다. 이 조합은 마르키시오가 잦은 부상으로 인해 폼이 떨어진 후에는 포그바가 가세해 MVPP라는 새로운 조합으로 불리기도 했다. 포그바는 기존의 MVP에서 부족했던 창의성을 불어넣어 주면서 유벤투스가 지속적으로 막강한 중원을 유지하는 데 큰 도움을 줬다. 포그바는 유벤투스에서 세계 최고의 미드필더로 거듭날 수 있었다.

MVP 조합과는 달리 바르잘리, 보누치, 키엘리니로 구성된 BBC는 콘테가 부임하기 이전부터 이미 유벤투스에 있던 선수들이었다. 기존에는 그리 성공적이지 못한 것처럼 보였던 이 선수들은 콘테 아래서 부폰과 함께 막강한 수비진을 구축하며 3연패 기간 내내 유벤투스를 최소실점팀으로 만들었다. 이 세 명의 선수들은 모두 콘테와 함께 성장했다고 해도 과언이 아니다.

일단 바르잘리의 경우 어릴 때 촉망받던 유망주에서 유벤투스로 영입됐을 시기에는 성장이 정체된 평범한 수준의 수비수라고 평가받던 때였다. 보누치 역시도 바리에서 라노키아와 좋은 모습을 보였지만, 당시의 평가는 오히려 라노키아가 더 높았었다. 키엘리니는 풀백으로 자주 뛰던 선수였지만 당시의 뛰어난 풀백들에 비해 장점이 많이 보이지 않았기 때문에 높은 평가를 받지 못했다. 단점들도 뚜렷해서 보누치의 경우는 수비력이, 바르잘리는 공중볼 경합에서의 약점이, 키엘리니는 다소 성급한 수비들을 지적 받곤 했다. 하지만 콘테는 이들의 모든 단점들을 서로 서로 보완하게 만들었다.

보누치의 부족한 수비력은 양 파트너인 키엘리니와 바르잘리가 커버하면서 그의 단점이 크게 드러나지 않게 만들었다. 대신에 보누치는 탁월한 빌드업 능력을 발휘해 그의 롱패스가 하나의 공격루트로 정착하게 되었다. 바르잘리는 리히슈타이너의 전진을 폭넓게 커버하면서 안정적인 수비를 선보였고, 키엘리니는 풀백이었던 특성을 살려서 부족한 좌측에서 직접 전진하면서 공격에 가담하기도 했다. BBC가 이렇게 활약할 수 있었던 것은 좋은 조합을 만들어서 약점을 가린 부분 외에도, 앞에는 MVP가 뒤에는 부폰이 버티고 있다는 점도 크게 작용했다. 믿음직한 동료들과 함께 팀으로서의 신뢰가 형성되자 각자의 장점들이 끊임없이 발휘될 수 있었던 것이다.

01

홀연히 유베 떠난 콘테, 이탈리아 대표팀 감독 부임

2014 브라질 월드컵이 결승이 끝난 직후인 7월 15일, 이탈리아의 유력 신문들은 일제히 콘테의 사임을 대서특필하며 보도했다. 그만큼 콘테와 유벤투스의 결별은 갑작스럽고 충격적인 사건이었다. 리그 3연패에 역대 최다 승점 기록을 세운 감독을 구단이 바꿀 이유는 없었고, 콘테 역시 유벤투스에 엄청난 충성심을 보이던 인물이었기 때문이다. 하지만, 콘테는 이미 시즌이 끝날 때 인터뷰에서 '100유로짜리 음식을 파는 레스토랑에서 10유로를 가지고 식사할 수는 없다'면서 더 큰 전력보강을 원한다는 뉘앙스로 말을 한 적이 있었다.

아무래도 챔피언스리그에서의 연속된 실패가 그의 자존심을 건드렸을 것이다. 결국 월드컵을 전후해 팀의 보강을 놓고 콘테와 클럽 사이에 큰 이견이 생겼고, 콘테는 이미 리그 3연패까지 한 마당에 그 이상의 목표를 이루기는 어렵다고 생각했을 것이다. 클럽은 연봉인상과 함께 연장 계약을 제시했지만, 콘테는 거절했고 비노보에서 첫 번째 훈련을 하는 날 사임하기로 결정했다.

"유벤투스와 상호합의 하에 계약을 해지하게 되었다고 발표하게 됐다. 이 결정은 휴가를 보내고 와서 했다. 승리하는 것은 그 무엇보다도 어려운 일이다. 유벤투스처럼 유서 깊고 명망 있는 팀에서 승리란 의무이다. 이것이 참 힘들게 만드는 요소이다. 하지만, 자기자신을 증명하고 승리자가 되려고 하는 누군가는 이런 스트레스 속에서도 살아남으려 하는데, 나는 이를 증명해 왔다.

CHAPTER 3

아주리 군단 사령탑이 된 콘테

2014-2016

앞서 소개했지만, 콘테는 유벤투스의 레전드 플레이어였음에도
이탈리아 국가대표로는 오랜 기간 활약한 핵심 자원이 아니었다.
물론 월드컵에도 출전했고, 유로 대회에도 나섰지만, 아주리 군단의 길고 위대한 역사에서
많은 페이지를 장식한 선수라고 보기는 어려운 국가대표 커리어를 지녔다.
하지만 다시 한 번 아주리의 일원이 되어 세계 축구계에 나설 기회가 주어졌다.
유벤투스를 포함한 여러 클럽에서 보여준 지도자로서의 능력을 인정받아
이탈리아 대표팀의 사령탑을 맡게 된 것이다.

팬들은 이미 알고 있을 것이다. 지금까지 나에게 크고 끝없는 성원을 보내줬으니까. 감독으로나 선수로나 내가 원하는 것은 팬들이 우리가 함께한 3년의 시간을 자랑스럽게 여기는 것이었다. 그래서 우리는 3연속 스쿠데토라는 위업을 달성하고 세리에 A 승점 기록을 갈아치우면서 역사적인 순간을 이뤄냈다. 누구도 그것에 대해서 우리에게 뭐라고 하지 못할 것이다.

지금까지 나와 함께해준 모든 선수들에게 감사하다고 말하고 싶다. 승리하는 감독이 되었고, 나 자신을 성장하는 데 많은 도움이 되었다. 클럽과 안드레아 아넬리 회장에게도 감사하다. 3년 전 힘든 시기를 겪고 있던 유벤투스에서 나를 감독으로 쓰는 결정을 한 것은 쉬운 일이 아니었을 것이다.

또 유벤투스의 모든 스태프들에게 감사하다고 전하고 싶다. 현재의 유벤투스를 만드는 데 모든 이들이 나와 함께 했다."

이제와 생각해보면 콘테가 사임할 때는 갑작스러운 상황들이 많았는데, 이는 아마 콘테의 성격 탓일 것이다. 콘테는 클럽과 의견 충돌이 있을 때 그것이 받아들여지지 않으면 대부분 미련을 갖지 않고 떠나는 사람이었다. 바리나 아탈란타 시절에도 비슷했지만, 유벤투스가 워낙에 큰 클럽인 탓에 덜 알려졌을 뿐이다.

유벤투스와 결별하자 콘테는 이탈리아 대표팀 감독의 유력 후보로 떠올랐다. 당시 이탈리아 대표팀의 상황은 매우 좋지 않았다. 전임인 프란델리 감독은 유로 2012에서는 거듭

명승부를 이끌어 내며 결승까지 진출했지만, 2년 뒤 브라질 월드컵에서는 조별 라운드에서 탈락이라는 충격적인 결과를 내고 말았다. 첫 경기 잉글랜드를 잡을 때만 하더라도 16강 진출은 무난해 보였지만, 그 뒤 코스타리카와 우루과이에게 연패하면서 두 대회 연속으로 16강 진출에 실패한 것이다. 물론, 우루과이 전은 수아레스가 키엘리니를 깨문 반칙을 심판이 제대로 못보고 넘어갔기에 억울한 면도 있겠지만, 코스타리카에 패한 것은 변명의 여지가 없는 실패였다. 당시 이탈리아에서 가장 뛰어난 공격수였던 주세페 로시가 십자인대 부상으로 대회에 나서지 못한 것도 악재였다. 유벤투스와 결별한 지 약 한달만에 콘테는 이탈리아 대표팀의 감독으로 부임했다. 첫 번째 기자회견에서 콘테는

앞으로 대표팀을 이끌어 갈 자신의 비전에 대해서 설명했다.

"열정과 자부심이 있다면 누구든지 이 자리에 앉을 수 있다고 생각한다. 타베키오 이탈리아축구협회장이 나를 대표팀 감독으로 고려해준 것에 대해 자랑스럽다. 모두가 나처럼 될 수 있다고 생각한다. 이탈리아는 브라질의 뒤를 잇는, 세계에서 가장 강한 축구 강국 중 하나라고 생각한다. 4번의 월드컵 우승을 차지한 나라의 감독을 맡는다는 것은 내게 특별한 감정을 불러 일으킨다."

"전임자였던 프란델리가 그랬듯이 나 역시 최선을 다하고 싶다. 그는 훌륭한 일을 해냈다. 그가 갈라타사라이에서 최고의 경험을 하기를 바란다. 아주리의 유스 부분을 맡았던 아리고 사키에게도 감사하고 싶다. 언제든 그가 원한다면 그를 위한 자리가 마련되어 있을 것이다."

"35일 만에 유벤투스에 다시 돌아갈 생각은 하지 않았다. 나는 기술적, 전술적 레벨을 더 높이고 싶으며, 외국어를 배우고 싶다고 생각했다. 시즌 마지막에는 빅클럽들로부터의 제안이 있지 않을까 하고 생각했다. 그 시점에 타베키오가 나에게 연락을 취했고, 나는 답을 줬다. 난 항상 도전을 좋아한다. 첫번째 접촉 당시에는 모든 가능성을 열어둔 채로 대화를 나눴다. 타베키오는 도전에 대한 나의 관심사를 알고 있었다. 나에게 승리는 항상 달콤한 중독과도 같다. 패배는 일시적으로 죽은 것 같은 기분이다. 언제나 최선을 다해 대표팀에 임할 생각이다."

"내 연봉은 재정적인 한도 안에서 지불되는 것이다. 내가 이룬 것을 고려했을 때 당연히 그 정도는 받을 수 있다고 말하고 싶다. 전례가 없는 일이라고 하더라도, 그건 이탈리아축구협회(FIGC)의 대담한 행보를 증명한다고 생각한다. 내 의지 역시 그들과 함께 하고 싶다. 당연히 논란이 따를 수도 있다고 생각한다. 현재는 내가 계획한 방향으로 가는 것만 생각하고 있다. 내 이미지를 생각해보면 성공 때문에 이만한 가치가 있다고 봐야한다. 그래서 이런 것들이 정당화될 수 있는 것이라 생각한다. 스폰서? 나는 아무것도 알지 못한다. 아무도 내 자리를 결정하지 않았다."

"모든 이탈리아 선수들은 소집될 자격이 있다. 물론 그들이 소집 받을 자격이 있다는 것을 증명해야겠지만, 나는 모든

선수들을 평가할 것이다. 단지 표면적인 것뿐만이 아니라
경기장 안에서나 바깥에서의 모습 역시도 평가해볼
생각이다. 항상 그렇게 일해왔으니까.
훌륭한 사람과 훌륭한 선수 중 하나를 선택해야 한다면 나는
훌륭한 사람을 택하겠다. 나는 감독이고, 모든 면을 평가해야
하니까. 내 경험에 비춰 볼 때 오직 진정한 '인간'만이
어려움을 이겨내는 것을 도울 수 있다. 모두 나에게 그런
점을 경기장 안이나 바깥에서나 증명해야 할 것이다. 그들이
아주리에서 뛰길 원한다면. 누구라도 개의치 않을 것이다.

"이건 분명하다. 열정을 가지고 아주리를 지켜보게 되길
원한다. 쉽지 않겠지만, 내 눈을 믿는다. 스폰서나 신문을
믿지는 않는다. 내가 보는 게 평가의 지표이다.
선수들의 행동이 평가될 것이다. 윤리기준이라는 건 내게
있어 다소 딱딱한 법 같은 잣대이다. 어떤 면에서 내 결정은
나의 개인적인 선호에 따라 내려질 수도 있다. 기준점이
명확하게 있지는 않다. 내가 보는 관점과 내 도덕성의
측면에서 평가할 생각이다. 내 선택은 기존에 대표팀에
얼마나 자주 선발됐는지와는 별 관련이 없을 것이다."

"승부조작 혐의에 관해서 나의 생각은 바뀐 것이 없다. 1년
반이 지났지만 나는 여전히 불공평한 처사였다고 생각한다.
나와 가족은 많이 고통스러운 시간을 보냈다. 하지만, 그런
경험을 통해 나는 인간적으로 성장할 수 있었고, 오늘 나는
이 자리에 있다. 그게 내가 모두에게 할 수 있는 최고의
대답이 아닐까 싶다.'

이탈리아는 앞선 몇 차례의 메이저 대회의 결과에서 보듯이
2006년 독일 월드컵 우승 이후 전력이 안정적이지 못했다.
세대교체를 단행해야 했지만 세리에의 경쟁력은 점점 타
리그에 비해서 떨어져 가고 있었기에 이탈리아의 선수층
자체가 그리 풍족하게 느껴지지 않았다. 콘테가 맡은 시기의
이탈리아 대표팀은 유로 2016에 참가할 때 '역대 최약체'
라는 오명을 들을 정도였다.
콘테의 최우선 과제는 일단 피를로가 은퇴한 이후
이탈리아의 미드필드를 어떻게 구성할 것인가였다. 피를로는
이미 브라질 월드컵을 마지막으로 대표팀에서 은퇴할
것이라는 의사를 밝혔고, 10년 이상 아주리 미드필드의 핵심
중에 핵심이었던 피를로 없이 미드필드를 구성하는 것은

그야말로 난제였다. 다행히 피를로는 콘테가 대표팀 감독으로 부임한 이후 은퇴의사를 번복해 다시 대표팀에 뛸 수 있다고 밝혔다. 그러나 피를로는 잦은 부상으로 인해 생각보다 콘테의 대표팀에서 자주 볼 수는 없었다. 콘테의 이탈리아 대표팀 첫 번째 경기는 네덜란드와의 친선전이었다. 미드필드 구성이 초미의 관심사였는데, 콘테는 과감하게 자케리니를 선발로 기용했다. 유벤투스 시절에도 자케리니를 적절하게 기용했던 콘테는 대표팀에서도 그를 활용해서 좌측면에서의 활동량과 밸런스를 제공하려고 했다. 자케리니는 이후 유로 2016까지 콘테의 대표팀에서는 중용되면서 기대이상의 활약을 보였다. 다만 이 경기는 네덜란드의 수비수 마르틴스 인디가 너무 빨리 퇴장당하면서 경기가 기울어져 이탈리아가 어렵지 않게 승리를 거둘 수 있었다.

곧바로 시작된 유로 2016 예선에서 콘테의 이탈리아는 초반 3연승으로 기분 좋게 출발했다. 이탈리아는 압도적이진 않았지만, 수비적으로 크게 흔들리지 않으면서 승점을 쌓아갔다. 물론, 이탈리아가 속한 H조가 다소 수월한 조편성이라는 이점도 있었다. 이탈리아는 크로아티아,

노르웨이, 불가리아, 아제르바이잔, 몰타와 같은 조에 속했는데, 전통적으로 이탈리아에게 강한 크로아티아를 제외하면 크게 위협이 되는 국가는 없었다. 유로 2016부터는 참가국이 24개팀으로 늘어나면서 조2위까지 본선에 직행할 수 있었기에 아무리 이탈리아의 전력이 약해졌다고 하더라도 본선 직행 그 자체가 어려운 일은 아니었다. 이탈리아는 이번에도 크로아티아에게 승리를 거두지는 못했지만, 7승 3무로 조1위를 차지하며 유로 2016 본선에 진출했다.

예선 통과보다 중요한 것은 팀으로서 강해지기 위해 적절한 선수를 선발하고 구성하는 일이었다. 콘테는 유로 예선과 친선경기 동안 주로 3-5-2를 많이 사용했지만, 그와 병행해 4-3-3 같은 공격적인 전술도 종종 실험했다. 수비라인은 처음에는 보누치와 라노키아를 중용했지만, 시간이 갈수록 라노키아의 폼이 떨어져 결국에는 다시 유벤투스 시절과 마찬가지로 바르잘리와 키엘리니를 포함한 BBC가 중용되었다. 유벤투스에서 자신이 만든 수비진은 대표팀에서도 다시한번 고스란히 활용되었다. 미드필드진은 당초 피를로가 활약할 것을 전제하고

구상했지만, 피를로가 잦은 부상으로 인해 빠지는 일이 많아지자
결국에는 피를로 없는 팀을 만들어야 했다. 아마도 이 부분이
콘테가 대표팀을 맡으면서 가장 고심했던 부분일 것이다. 베라티,
몬톨리보, 티아고 모타, 파롤로, 베르톨라치, 소리아노, 마르키시오,
데 로시, 자케리니, 플로렌지 등등 수많은 선수들을 데리고 수많은
조합을 만들어 봤다. 결국 피를로가 없는 상황에서 미드필드의
창의적인 능력은 다소 부족하더라도 단단하고 많이 뛰는 쪽으로
방향을 잡았다.

대회 전에 베라티와 마르키시오가 부상으로 빠지게 된 것도 이런
결정을 뒷받침하게 만들었다. 파롤로나 자케리니는 활동량이라는
부분에서 확실한 강점을 갖고 있는 선수들이었다.

공격진도 미드필드진 만큼이나 고민이 컸던 부분이었다.
전통적으로 이탈리아는 강력한 수비진과 뛰어난 공격수를 보유해
미드필드의 열세에서도 전세를 뒤집는 능력을 갖추고 있는
팀이었고, 그래서 월드컵을 4번이나 우승할 수 있었다. 하지만,
콘테가 맡은 시기의 이탈리아는 공격수 가뭄이었다. 초반에는
임모빌레나 자자도 중용이 되었으나 그리 만족스럽지는 못했다.
공격진도 활동량을 많이 가져갈 수 있고, 역습에 능한 선수들이
필요했다. 그렇게 해서 선택된 선수가 그라치아노 펠레와
에데르였다.

이런 일련의 과정이 집중적으로 일어났던 것이 2015년 말과
2016년 초에 있었던 평가전이었다. 이때 이탈리아는 벨기에,
루마니아, 스페인과 평가전을 가졌는데 2무 1패로 승리를 거두지
못했다. 이어 2016년 5월 첫 번째 평가전인 독일과의 경기에서는
무려 4-1로 대패를 당했다. 결과는 좋지 못했고, 우려의 목소리가
점점 커져갔지만, 콘테는 침착했다. 콘테는 이 시기에 백4와 백3를
번갈아 사용하면서 측면자원과 미드필더들이 강팀들과의 경기에서
어느 정도까지 버틸 수 있는 지 실험했다.

사실 당시 콘테에 대한 비판은 그가 유로 대회를 마친 뒤 이미
첼시에 부임하기로 확정이 되어 있었기에 온전히 대회에 집중할 수
있을까 하는 의혹의 눈초리도 함께 있었기 때문이었다. 한편으로,
콘테 역시 불만을 있었는데, 유로 2016을 앞두고 5월 마지막
평가전을 치르기 전 훈련을 위해 코파 이탈리아 결승전을 조금 일찍
치러 달라고 요청했으나 받아들여지지 않았기 때문이다. 이 시즌
코파 이탈리아의 결승이 국가대표급 선수들이 많은 밀란과
유벤투스의 대결이었기에 콘테 감독 입장에서는 리그가 끝나기
전에 결승이 치러지면 조금이라도 일찍 선수들을 소집해 훈련에
돌입할 수 있었다. 어쨌든, 이때 만났던 팀들은 나중에 유로 2016
본선에서 다시 만나게 되는데, 결과는 친선전과 완전히 달랐다.

유로 2016,
콘테와 이탈리아의
운명은?!

콘테가 떠난 유벤투스는 알레그리 아래서 리그 4연패를 달성했고, 6월에 드디어 유로 2016이 개막됐다. 벨기에, 스웨덴, 아일랜드와 함께 E조에 속한 이탈리아의 첫 번째 상대는 벨기에였다. 빌모츠 감독이 이끄는 벨기에는 이미 11월에 친선전에서 이탈리아를 3-1로 완파한 경험이 있었고, 그 승리로 당시 처음으로 피파 랭킹 1위에 오른 것을 자축했다. 당연하게도 벨기에는 대회 전 우승후보로 평가받고 있던 반면, 이탈리아에 대한 기대치는 그리 높지 않았다. 하지만 뚜껑을 열어보니 경기는 이탈리아가 벨기에를 압도했다.

선수 면면을 봤을 때 경기가 이렇게 흘러갈 것이라고 예상한 사람은 적었을 것이다. 전술적으로 느슨한 벨기에에 비해 이탈리아는 모든 면에서 단단하고 효율적이었다. 이탈리아는 촘촘한 간격으로 벨기에 선수들이 움직일 수 있는 공간을 제약했고, 공격은 빠르게 전방까지 전개됐다. 벨기에는 이탈리아를 상대로 강한 압박을 시도하지 않았고, 이탈리아는 피를로가 없었지만, 대신 수비수들이 전진해 전방으로 공을 건넸다.

감독의 역량에 따른 전술적인 차이가 너무 많이 드러난 경기였다. 전반 32분, 보누치의 롱패스를 받은 자케리니가 선제골을 넣으면서 이탈리아는 앞서 나갔다. 그리고 이는 벨기에가 한층 더 어려워질 수밖에 없다는 것을 의미했다. 후반에 들어와 벨기에는 메르텐스를 투입해 공격숫자를 늘리고, 마지막에는 카라스코를 투입해서 측면의 기동력을 살리려 했지만, 이미 전술적, 심리적 우위를 갖고 있는 이탈리아의 골문을 열기에는 역부족이었다. 이탈리아는 추가시간에 칸드레바의 패스를 받은 펠레가 득점하면서 2-0의 완승을 거뒀다.

유로 본선에 진출한 이후 평가전부터 줄곧 많은 비판을 받아온 콘테가 단숨에 명예를 회복하는 순간이었다.

콘테는 팀이 기술적으로 조금 부족하더라도 자신의 지도를 잘 따라와줄 수 있는 선수, 그리고 90분 내내 지치지 않고 뛸 수 있는 선수를 원했고, 그런 선수들로 하나의 팀을 만들었다. 그리고 그 팀은 개개인의 역량에서 더 뛰어난 벨기에를 압도하면서 이겼다. 지난 친선전 3-1의 패배도 완전하게 설욕했다. 벨기에전 승리 이후에도 이탈리아가 우승후보로 평가받지는 않았지만, 이제는 누구나 다크호스 이상이라고 생각하게 됐다.

두 번째 스웨덴과의 경기에서도 이탈리아는 승리했다. 스웨덴은 이브라히모비치나 포르스베리 등 당시 뛰어난 활약을 펼치던 선수들이 있기는 했지만, 전체적으로 우승후보로 꼽힐 정도의 강팀은 아니었다. 더구나 벨기에와의 경기를 봤기에 스웨덴은 이탈리아를 상대로 매우 신중하게 경기를 운영했다. 양 팀 모두 롱볼 위주의 단조로운 공격 패턴들이 반복됐고, 이탈리아는 스웨덴의 수비를 허무는 데 어려움을 겪었다. 그렇게 0-0으로 경기가 끝나는 것처럼 보일 무렵 이번에도 마지막에 이탈리아의 끈기가 선제골을 만들었다. 88분에 에데르의 골이 터지면서 이탈리아의 1-0 승리, 어려운 조로 보였지만, 이탈리아가 2승으로 가장 먼저 16강 토너먼트에 진출했다.

조1위를 차지했지만, 이탈리아의 16강 상대는 쉬운 팀이 아니었다. D조에서 크로아티아와의 맞대결에서 패한 스페인이 조2위를 차지하는 바람에 서로 껄끄러운 상대를 16강전부터 일찌감치 만나게 된 것이다. 그래도 무게 추는 2위로 진출한 스페인 쪽에 더 쏠렸다. 델 보스케 감독이 이끄는 스페인은 다비드 실바, 파브레가스, 이니에스타, 부스케츠, 피케, 라모스, 알바, 데 헤아 등등 여전히 막강한 선수들로 구성됐기 때문이다. 특히 스페인이 2010년을 전후해 메이저 대회를 연달아 제패하는 기간 사이에 이탈리아가 스페인에 약한 모습을 보였다는 점도 스페인의 우세를 점치는 이유였다. 하지만, 이번에도 벨기에전과 마찬가지로 경기가 시작되자 이탈리아는 보란듯이 경기를 자신들이 원하는 방향으로 끌고 갔다.

전반에는 비가 내리는 와중에 이탈리아는 좁은 간격과 많은 활동량을 통한 강한 압박으로 스페인의 미드필드를

괴롭혔다. 유로 2012 조별 라운드에서 두 팀의 맞대결은 전술적으로 용호상박의 명승부였다면, 이 경기는 다른 의미로 콘테의 전술적 아이디어가 델 보스케의 그것을 뛰어 넘는 순간이었다. 이탈리아의 활동량을 넘어서기에는 스페인의 기동력이 부족해 보였다. 이탈리아는 전반 많은 찬스를 만들었지만, 데 헤아의 선방으로 골망을 흔들지는 못하고 있었다. 그 때까지의 상황은 이탈리아가 분명 우세했지만, 후반에 코케나 페드로, 루카스 바스케스 등 활동량과 기동력을 보충해줄 수 있는 선수들이 투입되면 경기의 양상은 달라질 수 있었다. 전반 33분, 에데르의 프리킥을 데 헤아가 막아냈지만, 완전히 걷어내지는 못했다 그 사이 골문 쪽으로 달려들던 키엘리니가 밀어 넣으면서 이탈리아는 마침내 선제골을 만들었다.

후반에 들어와 스페인은 아두리스를 넣으면서 중앙에서 더 많은 공격숫자를 확보했고, 이어 루카스 바스케스와 페드로를 투입하면서 경기의 주도권을 되찾았다. 이탈리아는 데 로시의 부상으로 티아고 모타가 투입했지만, 주도권이 넘어간 상황에서 모타가 할 수 있는 것들은 제한적이었다. 이탈리아는 후반에도 지속적으로 카운터 어택을 노렸지만,

전반에 많이 뛰었기 때문인지 슬슬 지친 기색이 보였다. 그래도 이탈리아는 끝까지 스페인의 공격을 버텨냈다. 버텨냈을 뿐만 아니라 마지막 추가 시간에 힘을 낸 펠레와 다르미안의 합작으로 한 골 더 만들어 냈다. 이탈리아가 오랜 스페인 징크스를 극복하는 순간이었다. 이 경기에서 또 하나의 명장면은 자케리니가 공을 제대로 잡지 못했을 때 콘테 감독이 화를 내면서 굴러들어온 공을 발로 차버리는 장면이었다.

8강전 상대는 슬로바키아를 꺾고 올라온 독일. 전통적으로 메이저 대회에서 독일에게 강한 모습을 보였던 이탈리아였지만, 이번만큼은 상황이 좋지 않았다. 활동량을 바탕으로 한 축구를 펼쳤기에 팀은 피로가 누적되어 있었다. 더구나 칸드레바와 데 로시는 부상으로, 모타는 경고누적으로 경기에 나설 수가 없었다. 그래도 이탈리아는 독일의 공격을 비교적 잘 막아냈지만, 이전 경기들처럼 힘있는 역습을 시도하지는 못했다. 후반 64분 외질에게 선제골을 내줬지만, 콘테가 만든 끈끈한 이탈리아는 기어코 경기를 승부차기까지 끌고 갔다. 보아텡의 핸드볼 파울로 얻어낸 PK를 보누치가 성공시켰고, 연장전에서도 독일의

파상공세를 다 막아낸 것이다. 이탈리아에 약한 독일, 승부차기에 약한 이탈리아. 징크스와 징크스의 대결이었던 승부차기는 무려 9명의 키커가 차는 접전을 펼쳤지만, 결국 독일이 승리했다. 120분을 넘어선 혈투 끝에 독일이 4강에 올랐다.

콘테가 맡았던 이탈리아가 정말 언론에서 표현한 대로 '역대 최약체' 이탈리아였을까? 그 정도까지는 아니라고 생각한다. 하지만, 부상으로 빠진 선수들을 감안하면 여러모로 당시 가능했던 최상의 전력과는 한참 거리가 있었던 것도 사실이다. 콘테는 그런 상황을 감안해 영리한 전략으로 최대한의 성과를 냈다. 콘테는 선수들에게 우리가 잘할 수 있는 방법은 '클럽팀처럼 움직이는 것'이라고 강조했고, 이탈리아는 정말 클럽팀처럼 움직이면서 전력상 우위인 팀들을 상대로 승리를 거뒀다. 과거 우승후보라고 평가받던 이탈리아라면 8강은 물론 아쉬움이 남는 성적이겠지만, 유로 2016에 참가한 이탈리아에게는 꽤나 자랑스러운 성적이었다. 대회 마지막 기자회견이 된 자리에서 콘테는 담담하게 자신의 소감을 피력했다.

지난 2년간 이탈리아 대표팀을 맡는 동안 내 편은 보지 못했다. 나는 대표팀에 쏟아지는 관심 때문에 언제나 언론과 대립해야 했다. 솔직히 말해 누구도 나를 도와준다는 느낌을 받지 못했다. 그나마 이탈리아축구협회장이 가장 적극적으로 도와줬다. 앞으로는 대표팀 훈련에 좀 더 많은 시간을 가질 수 있었으면 좋겠다는 게 내 바람이다. 유로 대회에서 좋은 성적을 거두기 위해서 코파 이탈리아 결승전 날짜를 조정해달라고 요청했지만, 이뤄지지 않았다. 그래도 지난 2년 동안 이탈리아 대표팀에서 환상적인 시절을 보냈다. 앞으로 잉글랜드 첼시에서 재미있는 모험을 시작하는 게 기쁘다. 곧 프리미어리그 새 시즌이 시작된다. 앞으로 일주일 쉬면서 유로에서 탈락한 아쉬움을 달랠 것이다. 힘든 도전이겠지만 즐기겠다.

CHAPTER 4

첼시 감독으로
프리미어리그
도전

2016-2018

콘테는 처음부터 유로 2016 대회까지만 이탈리아 대표팀을 맡을 예정이었기에,

개막 2개월여 전인 2016년 4월, 대회 종료 후 프리미어리그 첼시에 감독으로 부임하는 계약을 체결했다.

그는 클럽 축구의 격렬함 속으로 돌아가고 싶은 마음이 있었다고 얘기했고,

신나는 모험을 새로 시작할 기회를 얻게 됐다고 했다. 다시 이탈리아 대표팀을 맡을 가능성은 낮으며,

계속 클럽 레벨에서 지도자 생활을 이어가고 싶다는 의견을 피력하기도 했다.

잉글랜드 축구에 훌륭하고 독특한 지도자가 한 명 더 늘어나는 순간이었다.

PL 감독 1년차에 바로 리그 우승

2016/17시즌

첼시는 이탈리아와 인연이 많은 클럽이다. 90년대 중반 굴리트가 선수 겸 감독이 되면서 졸라, 비알리, 디 마테오 같은 이탈리아 선수들이 첼시로 이적했고, 이들은 FA컵과 UEFA컵위너스컵을 우승하면서 첼시의 중흥기를 이끌었다. 감독 역시 비알리가 이탈리아 출신으로는 첫 번째 첼시 감독이 된 이후 라니에리, 안첼로티, 디 마테오 등이 첼시에서 소기의 성과를 거뒀다. 이제 콘테도 첼시의 이탈리안 커넥션의 일환이 된 것이다. 하지만 유벤투스를 맡았을 때, 그리고 이탈리아 대표팀을 맡았을 때와 마찬가지로 당시 첼시의 사정은 그리 좋지 않았다. 콘테가 부임하기 직전인 2015/16 시즌 첼시의 최종순위는 리그 10위였다. 그 전 14/15 시즌 우승팀이라고는 믿기지 않을 정도로 저조한 성적이었다.

첼시에서 절대적인 존재였던 무리뉴의 첼시 2기는 3년이 채 되지 않아 빠르게 와해됐다. 리그 개막 후 첫 5경기에서 3패, 챔피언스리그 포르투전 패배, 무리뉴 감독과 팀 메디컬 스태프였던 에바 카네이로와의 불화, 선수단과의 불화설 등등 온갖 안 좋은 악재들이 한꺼번에 튀어져 나왔다. 결국 본머스와 레스터에게 연패를 당한 직후 무리뉴는 경질됐다. 리그의 절반도 소화하지 못한 상황이었으며 당시 첼시의 성적은 리그 16위로 강등권과 별반 차이가 없었다. 첼시는 스콜라리 때와 마찬가지로 다시한번 히딩크에게 잔여 시즌을 맡겼지만, 이번에는 당시와 같은 극적인 상승세는 나오지 않았다.

콘테는 유로 대회가 끝난 후 일주일 정도의 짧은 휴식을 보낸 뒤 곧바로 런던으로 이동해 첼시에 합류했다. 이 시점에서 이미 콘테는 백3의 신봉자처럼 보였기에 많은 사람들은 콘테가 과연 첼시에서도 윙어가 없는 백3를 사용할 것인지에 대해서 궁금증을 가졌다. 감독 부임 후 첫 번째 기자회견에서 콘테는 이런 의문에 대해서 명쾌하게 답변했다.

"새로운 팀에 부임하면 나는 선수들에게 맞는 자리를 찾고자 노력한다. 감독은 팀에 가장 잘 맞는 옷을 만들어야 한다. 백3냐 백4냐는 중요하지 않다. 중요한 건 흔들리지 않는 정신력과 조직력이다. 첼시는 매 시즌 우승경쟁을 하거나 챔피언스리그 진출권을 확보해야 하는 팀이다. 불바다를 만들 수 있는 아직 꺼지지 않은 작은 불꽃이 여기 있기를 희망한다."

사실 당시의 팀은 백3나 백4를 결정하기에 앞서 스쿼드가 매우 불균형한 상태였다. 일단 첼시의 센터백들은 나이가 너무 많거나 어린 매우 극단적인 구성이었다. 테리와 이바노비치는 나이에 따른 기량저하를 보였고, 케이힐도 그럴 우려가 있었다. 반면에 크리스텐센이나 주마 등은 너무

어려 경험이 부족한 선수들이었다. 게다가 주마는 십자인대 부상으로 후반기에 가서야 복귀할 예정이었다. 또한 측면 수비수도 충분치 않았다. 센터백과 풀백을 모두 볼 수 있는 아케를 임대로 보내면서 팀은 이바노비치와 아스필리쿠에타 정도가 남은 풀백이었다. 중원에서는 파브레가스가 기동력의 저하를 보이기 시작했고, 제대로 된 중앙 공격수는 디에고 코스타 뿐이었다. 반면에 아자르를 비롯해 윌리안, 페드로 등 윙어들은 충분히 경쟁력이 있었다.

이런 상황에서 첼시는 중요한 영입 3건을 성사시키는 데, 그게 바로 캉테와 다비드 루이스, 그리고 마르코스 알론소의 영입이었다. 캉테는 15/16 시즌 동화 같은 레스터시티 우승의 핵심 중의 핵심으로 단연 리그 최고의 미드필더였다. 그런 선수가 챔피언스리그는 고사하고 유로파리그조차 나가지 못하는 팀으로 이적한 것은 콘테의 영향이 컸다. 다비드 루이스의 경우 첼시의 첫번째 옵션은 아니었다. 첼시는 당시에 쿨리발리를 원했고, 그게 아니라면 PSG에서는 다비드 루이스보다 마르퀴뇨스를 영입하고 싶었다. 그러나 PSG는 마르퀴뇨스를 절대 팔지 않겠다고 선언했고, 첼시는 다비드 루이스 영입으로 선회했던 것이다.

다비드 루이스에 대해서는 회의적인 시선도 있었지만, 과거 첼시에서 뛴 경력이 있다는 점과, 수비진에 속도를 제공할 수 있다는 점이 장점이었다. 종종 집중력이 떨어지는 부분만 개선한다면 첼시에 있어 중요한 자원이 될 수 있는 선수였다. 그리고 콘테는 그런 점을 개선할 줄 아는 감독이었다. 마지막으로 마르코스 알론소는 첼시에 적응 여부를 떠나, 측면수비 자원을 추가한다는 것만으로도 의미가 있었다.

시즌이 개막하고 첫 3경기에서 첼시는 3연승을 거두면서 안정적인 출발을 하는 듯했다. 콘테는 백3가 아닌 백4를 사용했으며, 윙어들을 활용하기 위해서 4-3-3에 가까운 4-1-4-1 형태의 포메이션을 이용했다. 캉테를 수비형 미드필더로 두고 그 위에 오스카와 마티치를 활용하는 미드필드 구성이었다. 압박과 기동력을 중시하는 콘테 감독의 의중이 드러나는 조합이었고, 실제로 괜찮은 모습을 보였다. 미드필더 중 가장 공격적인 역할을 맡아야 할 오스카 역시도 중원의 밸런스를 좀 더 신경 쓰는 모습이었다. 캉테는 리그 최고의 미드필더다운 활약을 펼쳤고, 아자르 역시 지난 시즌의 부진은 뒤로한 채 특유의

드리블을 선보이며 상대 수비를 흔들었다. 물론 불안한 점도 없지는 않았는데, 문제는 수비진이었다. 좌측에서 뛰는 아스필리쿠에타는 우측에서 뛸 때만큼의 공격력이 나오지 않았다. 이바노비치는 이제 풀백으로 뛰기에는 기동력이 많이 떨어졌으며, 테리와 케이힐의 조합은 안정적이지 못했다. 만약 상대가 강도높은 압박으로 미드필드진과 수비진의 분리를 시도한다면 위험할 수 있었다.

이런 우려는 리버풀과 아스널에게 연패를 당하면서 현실로 드러났다. 두 경기 모두 수비진은 불안했고, 공격은 대부분 아자르와 윌리안의 개인기량에 의존할 수밖에 없었다. 첼시의 전개속도는 빠르지 못했고, 상대는 지속적으로 압박을 가하며 수비를 흔들었다. 몇 경기 치르지도 않았지만 벌써부터 팀은 전술적 한계를 보이기 시작한 것이다.

하지만, 콘테는 이미 과거의 경험을 통해 어떤 식으로 밸런스를 찾아야 하는지 알고 있었다. 7라운드 헐시티전에서 콘테는 드디어 백3를 선보였다. 콘테는 케이힐, 다비드 루이스, 아스필리쿠에타로 백3를 형성했고, 미드필드는 마티치와 캉테를 세웠다. 전방은 기존과 유사하게 아자르, 디에고 코스타, 윌리안이었다. 좌측 윙백은 마르코스 알론소

였는데, 이 시스템에서 가장 놀라운 점은 모제스를 백3의 우측 윙백으로 기용한 점이었다.

위건의 떠오르는 스타였던 모제스는 2012년에 첼시에 입단했지만, 그때까지 임대를 전전하며 첼시에서는 좀처럼 기회를 받지 못하던 선수였다. 물론, 첼시에 입단한 첫 시즌에 기대 이하의 모습을 보이긴 했지만, 22살의 어린 선수에게는 흔히 발생할 수도 있는 일이었다. 문제는 늘 우승경쟁을 해야 하는 첼시에서 한번 찾아온 기회를 놓치는 건 치명적이었다. 모제스는 3년간 리버풀, 스토크시티, 웨스트햄으로 임대를 갔지만, 어디에서도 아주 인상적인 활약을 보이지는 못했다. 어느덧 20대 중반에 접어든 모제스에게는 이번이 빅클럽에서 활약할 마지막 기회일 수 있었다. 모제스는 당시를 이렇게 회상했다.

"콘테는 우리를 한계까지 밀어붙였다. 그는 나에게 기회를 줬고 그 후 나는 결코 뒤돌아보지 않았다. 콘테에게 모든 건 노력을 기반으로 한다. 나는 내 인생에서 그렇게까지 열심히

훈련한 적이 없었고, 감독이 나를 배치한 위치에서 기량이 향상되고 있다고 느꼈다. 그는 나를 측면에 배치해 나의 플레이를 새로운 수준으로 끌어 올렸다."

콘테는 좌측의 알론소와 우측의 모제스의 위치를 다르게 배치했다. 모제스가 좀 더 전진배치되면서 윙어로서의 특성을 발휘할 수 있게 했고, 발이 느린 알론소는 모제스보다는 아래쪽에서 상대의 윙어들을 견제하도록 만들었다. 이는 트라파토니의 조나 미스타에서 영감을 얻어 유벤투스에서도 활용한 윙백들의 배치와 크게 다르지 않았다. 그리고 이러한 비대칭 전술은 대부분 윙어를 두는 4-2-3-1 혹은 4-3-3을 사용하는 프리미어리그 팀들에게 전술적 충격을 안겨다 주었다. 풀백과 윙어들 중 누가 첼시의 윙백을 제어해야 하는지 혼란을 겪었던 것이다. 알론소와 모제스의 위에는 아자르와 페드로 혹은 윌리안이 있었기 때문에 이들 중 누가 중앙으로 파고들기라도 하면 수비대형이 흐트러지는 일이 많았다.

완벽한 경기를 보인 것은 아니었지만, 일단 상승세가 시작되자 선수단 전체에 자신감이 넘쳤고, 위기에도 흔들리지 않는 강한 정신력을 갖추게 됐다. 콘테는 프리미어리그 역사상 최초로 10월, 11월, 12월 3개월 연속으로 이달의 감독상을 받았고 첼시는 반년 만에 다시 강력한 우승후보로 돌아왔다.

콘테의 백3는 프리미어리그 전체에 전술 기조를 바꿔 놓았다. 첼시를 상대하는 팀들은 기존의 백4 기반으로는 막기 어렵다는 것을 깨닫고 콘테의 백3를 모방하기 시작했다. 토트넘, 웨스트햄, 에버턴은 백3를 자주 사용했고, 심지어 맨유나 벵거의 아스널까지도 백3를 사용할 정도였다. 가끔 첼시를 상대로 승리를 거두는 경기들도 나왔지만, 첼시만큼 꾸준하게 효율적이지는 않았다.

후반기에는 첼시의 기세가 조금 누그러지고 토트넘이 막판에 9연승을 거두며 맹추격이 이어졌지만, 2경기를 남겨두고 토트넘과의 승점차를 7점으로 만들면서 우승을 확정 지었다. 이어 남은 2경기도 모두 승리를 거둬 단일 시즌 프리미어리그 최다승인 30승(승점 93)을 기록했다. 그러나, 바로 다음해 17/18 시즌 맨체스터시티가 32승으로 새로운 기록을 세우며, 이 기록은 단 1년 만에 깨지게 된다.

콘테는 1년 만에 첼시를 유럽클럽대항전조차 나가지 못하는 팀에서 프리미어리그 우승팀으로 변모시켰다. 시즌 시작 전에는 누구도 첼시를 우승후보로 꼽지 않았고, 콘테 스스로도 확신하지 못했을 것이다. 하지만, 콘테는 적절한 전술변화로 위기를 돌파하고, 장점인 동기부여를 통해서 첼시를 강인한 정신력을 가진 팀으로 바꿨다. 그렇게 첼시는 완벽하게 부활에 성공해 계속 막강한 모습을 보일 것 같았다.

모든 것이 좋았던 시즌에서 단 하나, FA컵 결승전에서 아스널에게 패한 것은 두고두고 아쉬운 점이었다. 시즌 초반 아스널에게 패한 뒤 전술변화를 꾀해 리그에서 우승한 첼시가 FA컵 결승에서는 아스널에게 패해 우승이 좌절된 것이다. 이 경기는 그동안 강력한 모습을 보이던 첼시와 거리가 멀었다. 모두가 부진한 가운데 콘테 아래서 가장 발전한 선수인 모제스가 퇴장당하는 모습을 보였고, 디에고 코스타는 동점골을 넣었지만 막판에 바추아이와 교체되자 불만 섞인 표정으로 경기를 지켜봤다. 이상한 일이었다. 일주일 전만해도 첼시는 리그 마지막 경기에서 5골을 넣을 정도로 골에 목마른 열정적인 팀이었다.

반면, 수비할 때 첼시의 윙백들은 하프라인 지점부터 상대의 풀백들에게 압박을 가했고, 첼시의 백3중 양 쪽의 수비수들은 넓게 서서 윙어들을 견제했다. 그러자 원톱을 쓰는 팀들은 윙어나 미드필더들과 고립되는 일이 잦았고, 윙어 대신 2톱을 쓰는 팀들은 늘 3대2의 싸움으로 숫자에서 밀렸다. 마치 리베로와 같이 중원과 수비를 오가는 다비드 루이스는 빠른 발과 전진능력을 활용해 공격의 시발점이 되기도 했다. 캉테는 놀라운 활동량으로 혼자서 마치 2명이 뛰는 것처럼 상대를 막아내며 미드필드를 장악했다. 마티치도 캉테와 함께 좀 더 수비적인 역할을 맡자 첼시의 중원은 이보다 단단할 수 없었다.

전술적으로 적절한 해결책을 찾은 첼시는 그 때부터 엄청난 연승행진을 기록했다. 2016년 마지막 날까지 리그에서 모두 승리를 거둔 것이다. 첼시는 7라운드 헐시티전부터 19라운드 스토크시티전까지 13연승을 달리며 구단사상 최다연승 기록을 세웠고, 2위인 리버풀에게 승점 6점을 앞선 채 전반기를 마쳤다. 이 기간 동안 첼시가 모든 경기에서

그리고 트로피 이후에 남은 생채기

우승을 하긴 했지만, 여전히 첼시에게는 많은 과제가 남아 있었다. 우선, 챔피언스리그에 다시 나가게 되면서 여러 대회를 병행해야 하는 만큼 이적시장에서의 전력 보강이 필수였다. 그리고 첼시의 시스템이 백3 기반으로 결정된 이상, 이런 전술에 적합한 선수를 영입하는 것도 중요했다. 그리고 지난 겨울부터 불거진 디에고 코스타 문제를 반드시 해결해야 했다.

디에고 코스타 문제가 수면 위로 드러난 것은 16/17 시즌이 한창 진행 중이었던 1월에 레스터시티와의 경기에서 뜬금없이 결장하면서부터였다. 당시 디에고 코스타는 등 부상 때문에 결장한 것으로 알려졌지만, 그는 일주일 뒤인 헐시티와의 경기에서는 정상적으로 출전해 득점을 기록했다. 그러자 언론들은 디에고 코스타가 중국으로의 이적을 강력히 원한다는 보도를 했고, 디에고 코스타는 이를 강하게 부인했다. 하지만, 나중에는 결국 디에고 코스타의 이적 요구가 사실인 걸로 밝혀졌다. 디에고 코스타는 겨울에는 중국으로 이적을 원했고, 이후 시즌 말미에는 아틀레티코마드리드로 이적을 원했다. 하지만 중국 리그는 외국인 선수 영입 시 이적료의 100%에 달하는 세금을 부과하는 제도가 신설되면서 현실적으로 디에고 코스타의 이적은 어려워졌고, 아틀레티코마드리드는 피파로부터 이적시장 영입금지 징계를 당했기에 디에고 코스타를 영입할 수 없었다.

이 때 디에고 코스타가 언론을 통해 콘테가 자신을 전력에서 배제하고 있다고 밝히면서 이 사태는 커지고 말았다. 콘테는 시즌이 끝난 뒤에 모든 선수들에게 문자 메시지를 보냈는데, 디에고 코스타가 진지하지 않은 답변을 보내자 '지난 시즌 모두가 함께 환상적인 시즌을 보냈고, 너의 활약에 감사한다. 하지만, 너는 다음 시즌 내 계획에는 없다'는 내용의 문자를 보냈던 것이다. 이 내용이 언론을 통해서 공개되면서 콘테와 디에고 코스타의 관계는 회복이 불가능한 수준까지 갔다. 더 큰 문제는 이 문자 내용으로 인해서 선수단 전체가 콘테에 대해서 불신의 씨앗을 안게 됐다는 점이었다. 디에고 코스타는 무리뉴 감독 시절에도 문제가 없었던 것은 아니나 어쨌건 우승에 가장 큰 공헌을 한 선수 중에 하나였다. 선수들 입장에서는 감독이 팀의 핵심선수를 이렇게 매몰차게 대하는 것에 대해서 불안감을 느꼈을 것이다. 한편, 첼시는 첼시대로 비싼 몸값의 공격수를 제 값을 받지 못하고 팔아야 함과 동시에 디에고 코스타의

대체자도 구해야 했다. 구단은 디에고 코스타의 대체자를 구하는 것은 결코 쉬운 일이 아니라는 판단을 하고 있었다. 원래 콘테가 강하게 원했던 공격수는 로멜루 루카쿠였다. 루카쿠는 첼시의 유스 출신이기도 하고, 16/17 시즌 에버턴에서 25골을 넣으면서 리그 최고의 공격수로 올라서고 있었다. 아직까지 신체적인 장점을 온전히 다 발휘하지 못한다는 평가도 많았지만, 콘테는 그를 완벽한 공격수로 만들 자신이 있었다. 하지만, 맨유가 루카쿠 영입전에 뛰어들면서 상황은 변했다. 결국 맨유는 루카쿠를 영입했고, 첼시는 대신 모라타를 영입했다. 이 엇갈린 영입은 나중에 엄청난 결과로 돌아왔다.

모라타가 영입된 이상 디에고 코스타의 자리는 이제 완전히 사라졌다. 하지만, 아틀레티코마드리드만을 고집하고 있던 디에고 코스타의 이적은 그리 쉽게 이뤄지지 않았다.

디에고 코스타는 훈련에 불참하면서 브라질로 가버렸고, 아틀레티코마드리드의 유니폼을 입고 파티를 즐기는 모습이 SNS상에 올라왔다. 이제 디에고 코스타와 첼시의 관계는 돌이킬 수 없었다. 결국 디에고 코스타는 시즌이 시작되고 한달이나 지난 후에 아틀레티코마드리드로의 이적을 확정 지었다. 겨울까지는 선수등록을 할 수 없어 경기에 출전할 수 없음에도 불구하고.

디에고 코스타 문제가 가장 뜨거운 이슈였지만, 그밖에도 첼시는 대대적인 선수단 개편을 감행했다. 첼시의 상징이었던 존 테리가 애스턴 빌라로 떠났고, 마티치 역시 맨유로 이적하게 됐다. 첼시는 안토니오 뤼디거와 티에무에 바카요코를 영입했고, 제2의 캉테를 꿈꾸며 드링크워터도 영입했다. 그리고 토리노에서 자파코스타도 영입하면서 윙백도 보강을 하긴 했다. 지출한 금액만 2억유로가 넘을

정도였다. 하지만 이 영입들은 모두 콘테가 우선순위로 생각한 선수들은 아니었다. 콘테는 루카쿠의 경우와 마찬가지로 반 다이크, 쿨리발리, 나잉골란, 알렉스 산드루, 다닐루 같은 선수들을 원했다.

또 영입한 만큼 나간 선수들도 많았다. 앞서 언급한 선수들 외에도 콰드라도나 아케, 너새니얼 찰로바 등이 이적했고, 주마와 로프터스치크 등은 임대로 떠나 팀에 남지 않았다. 결과적으로 이 여름에 첼시는 여러 대회를 병행해야 할 만큼의 충분한 양적 보강을 하지 못했고, 감독이 원하던 선수들을 영입하지도 못했으며, 윙백의 숫자는 여전히 부족해 백3에 적합한 선수단을 구성하지 못했다. 바로 이 지점이 불행의 시작이었다.

붕괴의 전조 속에서
추가한 또 하나의 트로피

2017/18 시즌

그래도 2017년까지의 첼시는 나쁘지 않았다. 개막전에서 번리에게 패하면서
불안하게 출발하긴 했지만, 6라운드까지 챔피언스리그와 리그컵을 포함해 무패로
맨시티, 맨유와 함께 리그 선두권을 형성하고 있었다. 몇몇 선수들의 부상에도
모라타가 연일 헤더로 득점에 성공하면서 승점을 쌓아갔다. 그러다 7라운드
맨시티전, 8라운드 크리스털팰리스 전에서 연패를 당하면서 선수단의 불균형한
상태가 문제가 되기 시작했다.

핵심 선수들이 부상으로 빠지게 된 것이 연패의 원인이었는데, 맨시티전에서는
경기 도중 모라타가 부상을 당했고, 크리스털팰리스전에는 프랑스 대표팀 차출로
A매치를 치른 캉테가 부상을 입고 돌아왔다. 모라타는 그때까지 팀 득점의 절반을
넣고 있었다. 콘테는 맨시티전에서 윌리안을 교체로 투입했지만, 그러한 조합을
위한 전술은 준비되지 않은 것처럼 보였다. 이후 선발로 나온 바추아이도 기대
이하의 모습을 보였다. 캉테의 부상은 더 큰 문제를 불러왔는데, 바카요코는
캉테만큼의 활약을 보여주지 못했을 뿐만 아니라 파브레가스의 기동력, 수비력
문제와 겹치면서 미드필드 전체가 흔들리는 결과를 가져왔다.

아직까지는 디펜딩 챔피언의 힘이 남아있었기 때문일까? 17/18 시즌 전반기에
첼시는 위기의 순간이 제법 있었지만, 그때마다 승리를 해내면서 반등을 했다.
10월말에 로마와의 챔피언스리그 원정경기에서 3-0의 완패를 당했을 때는 다음
맨유와의 경기에서 1-0 승리를 거뒀고, 웨스트햄에 패했을 때는 허더스필드에게

3골을 넣으면서 승리했다. 모라타, 캉테를 비롯한 부상
선수들이 돌아오면서 팀은 지난 시즌만큼 압도적이지는
않아도, 더이상 흔들리지는 않을 것 같았다.
이 시기 콘테의 수염과 옷차림이 잠시 화제가 되기도
했는데, 원래 콘테는 경기가 있는 날이면 대부분 말끔한
정장 차림으로 벤치에 있는 일이 대부분이었다. 하지만,
이 시즌에는 시즌 초부터 유독 첼시의 트레이닝복을 입고 온
경우가 많았는데, 11월 즈음에는 수염까지 기르면서 오늘날
우리가 아는 '콘테+수염+추리닝' 인터넷 밈의 시초가 된
것이다. 수염은 아내의 추천으로 기르게 되었다고 말했고,
딸이 싫어해서 다시 깎았다고 했지만 콘테는 이듬해에 다시
수염을 기른 채로 나타난다. 이 11월은 첼시의 이적시장을
총괄했던 에메날로가 떠난 시기이기도 하다.
2018년이 시작되고 겨울 이적시장도 열렸다. 에메날로를
대신해 이적시장을 지휘하게 된 마리나는 1월 초에 로스
바클리를 영입하면서 기대를 모으게 만들었다. 하지만,
첼시는 1월부터 부진이 지속됐는데, FA컵과 리그컵을
포함해 2018년의 첫 네 경기를 모두 비긴 것이다. 심지어
FA컵에서 만난 노리치는 당시 챔피언십에서도 상위권 팀이

아니었다. 재경기에서 이기면서 FA컵 다음 라운드에
진출하긴 했지만, 당시에도 4골이나 내주면서 수비가
흔들리는 모습이 나왔다. 전반기의 첼시는 위태위태하지만
그래도 반등을 해냈다면, 후반기의 첼시는 좀 나아질 만하면
패하는 모습이 반복됐다. 결국 좋지 않았던 경기력에
결과가 수렴하기 시작한 것이다. 첼시는 겨울 이적시장
마지막날 올리비에 지루와 에메르송을 영입하면서
스트라이커와 좌측 수비수를 보강했다. 그리고 바로 그날
본머스에게 홈에서 3-0의 완패를 당했다.
이때부터 첼시는 지는 게 익숙해진 팀처럼 보였다.
본머스와의 경기에 이어 왓포드에게도 4골을 내주면서
패했고, 바르셀로나와의 경기에서 조금 달라진 모습을
보이나 싶더니, 다시 맨유에게 패했다. 첼시는 리그 5위로
추락했고, 이 시점에서 이미 선두인 맨시티와의 격차는 승점
22점으로 벌어져 있었다. 부상과 부진에 빠진 선수들이
속출했고, 감독인 콘테 역시도 이런 상황을 헤쳐 나갈 만한
의욕이 없어 보였다. 29라운드 맨시티와의 경기는 이런
모든 상황들이 한데 얽혀 나온 경기였다. 콘테는 3-4-2-1
형태의 극단적인 수비전술을 준비했지만, 과르디올라와

맨시티는 그걸 이겨낼 힘이 있었다. 당시 스카이 스포츠의 패널이었던 제이미 레드냅은 '안티 풋볼이자 축구에 대한 범죄다'라면서 콘테의 전략을 강하게 비판했다. 그리고 콘테는 이에 대한 반박성 인터뷰를 하면서 첼시팬들에게 더 큰 실망감을 안겼다.

"모든 비판을 받아들일 필요가 있다고 생각하지만, 나는 맨시티를 상대로 공간을 열어서 3-0이나 4-0으로 질 정도로 멍청하지 않다. 내 기억에 아스널은 맨시티에게 두 번 졌고, 당신들은 이틀 전에 30분만에 3골을 내준 것 때문에 벵거를 비판했다. 전문가들이 전술에 대해서 이야기할 때 그걸 이해하기 위해서 좀 더 머리를 쓸 필요가 있다. 왜냐하면 그런 바보 같은 방식으로 말하는 것 대신에 전술에 대해서 지식을 갖출 필요가 있으니까."

"선수들은 내 지시에 잘 따랐다. 우리는 라인 사이에 공간을 주지 않기 위해 이런 방식으로 경기를 준비했다. 맨시티와 경기를 할 때 머리를 쓰지 않으면, 경기가 잘못 흘러가 3-0이나 4-0으로 패배할 위험이 있기 때문이다. 우리는

경기에서 상당 부분을 맨시티에게 공간을 내주지 않기 위해 노력했고, 그건 좋았다. 하지만 후반이 시작되고 30초만에 골을 내준 것은 불행한 일이었다. 우리가 그걸 다시 따라잡기는 어려운 일이니 말이다."

"나는 교체를 통해 뭔가를 해보려고 했다. 당연하게도 페드로, 아자르, 윌리안을 전방에 세우기로 결정했을 때 벤치에 있는 선수들을 통해서 경기를 바꾸는 건 어려운 일이다. (윌리안 대신 지루를 넣으면서) 우리는 투톱으로 경기를 바꾸려고 노력했다. 우리가 상대하는 팀은 아주 강하고 중대한 팀이다. 지난 시즌처럼 아자르를 10번 역할로 세웠을 때 밸런스를 유지하는 건 매우 어렵다. 우리는 이 자리에 퀄리티가 있고, 수비적으로 도움이 될 선수들을 배치했다. 내 생각에 페드로와 윌리안은 훌륭한 경기를 펼쳤다."

"나는 본머스와 왓포드, 그리고 맨유에게 패배한 것에 대해서는 큰 실망감을 갖고 있다. 하지만, 오늘은 아니다. 왜냐하면 우리는 아주 강력한 팀과 싸웠기 때문이다. 오늘은 맨시티가 우리와 그들의 차이를 보여줬다. 승점 25점은 큰

차이이고, 우리가 다른 경기 패배에서는 실망할 수도
있겠지만, 이 경기는 아니다. 우리 선수들은 노력하는 모습을
보였고, 그것이 중요한 부분이다. 맨체스터시티는 환상적인
경기력과 동시에 환상적인 정신력을 갖추고 있는 팀이다.
이런 팀을 상대한다면 그들을 멈출 수 없을 것이다."

이 인터뷰 자체는 맨시티와 첼시의 차이에 대해 냉정하게
한 이야기라고 볼 수도 있지만, 첼시는 바로 직전 시즌
우승팀이었다. 우승한 지 1년도 안 된 시점에서 맨시티와
첼시가 그렇게 큰 격차가 나게 된 데에는 감독인 콘테 본인
역시 책임이 있을 수밖에 없다. 더구나 이 인터뷰에서
언급된 것처럼 맨시티는 아스널과의 경기 이후 3일만에
치른 경기였지만, 첼시는 맨유전 이후 일주일이라는 시간이
있었다. 리그 최강팀을 상대로 일주일을 고민해서 나온
전략이 극단적인 수비전술. 그것도 결국 패배를 막지 못한
결과라면 비판이 당연히 따를 수밖에 없다. 콘테의 이
인터뷰는 사실상 첼시에서의 커리어를 끝내게 한 것이나
다름없었다.
3월에 바르셀로나와의 챔피언스리그 16강 2차전도
예상대로 완패를 당한 뒤 첼시는 4월 들어 토트넘에게
패하고, 웨스트햄에게는 무승부를 거두면서 챔피언스리그
진출이 매우 어려워졌다. 4위권인 리버풀, 토트넘과는 이미
승점이 10점차나 나고 있었다. 그래도 첼시는 막판에 연승을
거두고 리버풀과의 맞대결에서도 승리하면서 희망을
가져봤지만, FA컵 4강전으로 인해 연기된 35라운드
허더스필드전에서 무승부를 거두면서 결국 자력으로
챔피언스리그 진출은 불가능한 상황이 됐다.
마지막 라운드인 뉴캐슬전마저도 3-0으로 패하며 결국
첼시는 5위로 리그를 마치게 됐다. 어차피 리버풀이 마지막
라운드에서 승리하면서 이기더라도 챔피언스리그에는
나갈 수 없었겠지만 말이다.
지난 시즌과는 반대로, 모든 것이 좋지 않았던 시즌이지만
마지막 FA컵에서는 무리뉴의 맨유를 상대로 승리해 우승을
거뒀다. 콘테의 커리어 사상 처음이자 지금까지도 유일한
컵대회 우승이 바로 잉글랜드에서 얻은 이 FA컵이었다. 자칫
무관으로 끝날 뻔한 시즌이었지만, 그나마 체면치레는 한
셈이었다. 하지만, 이 경기를 마지막으로 콘테와 첼시의
관계는 완전히 끝이 났다.
17/18 시즌 첼시의 실패에 있어서 모든 것이 콘테의
책임이라고 볼 수는 없었다. 시즌 내내 불거진 선수단의

여러가지 문제는 결국 이적시장에서의 실패가 가장 큰
원인이었다. 모라타는 전반기와 달리 후반기에는 자신감이
떨어진 채 부진에 빠졌으며, 보강이 부족했던 윙백 자리는
시즌 내내 불안요소로 작용했다. 미드필더로 영입한 선수 중
드링크워터와 바클리는 계속된 부상으로 신음했고,
바카요코는 매우 부진했다. 센터백 역시 뤼디거만으로는
부족했다. 많은 돈을 들였지만 내실 있는 영입을 하지
못했고, 이는 여러 대회를 병행하는 첼시에게 큰 부담으로
작용했다.
하지만, 콘테의 책임도 적진 않았다. 아무리 영입이 충분하지
못했다고는 해도 지난 시즌 우승팀인 첼시가 4위안에
들어가지 못할 정도의 전력은 아니었다. 선수단의 질적, 양적
문제와 더불어 콘테의 전술이 지난 시즌만큼 압도적으로
통하지 않은 게 더 큰 원인이었다. 콘테의 백3 기반
포메이션은 이제 프리미어리그의 모든 팀들이 철저하게

연구해 잘 작동하지 않는 경우가 많았고, 이를 대체할 만한 전술적 해결책은 시즌이 끝날 때까지 나오지 않았다. 또한 부상과 부진한 선수들이 많았지만, 전반적인 선수단 활용에도 문제가 있었다.

겨울에 영입한 지루와 에메르송이 대표적이었는데, 콘테는 한참을 모라타와 알론소를 고집하면서 팀이 반등할 수 있는 동력 자체를 만들지 못했다. 더구나 이런 기용 문제에 있어서 많은 선수들과 불화를 겪기도 했다. 윌리안은 인터뷰에서 노골적으로 콘테에 대한 부정적인 언급을 했으며, 아자르 또한 가짜 9번으로 뛰게 한 콘테의 결정에 의문을 가졌다. 콘테는 첼시에서의 2년 동안 최상의 모습과 최악의 모습을 함께 보여주었다. 유벤투스 시절부터 쉴 새 없이 달려온 콘테에게는 휴식이 필요해 보였다.

첼시와 콘테는 더 이상 함께 가기는 어려웠지만, 콘테의 계약기간은 아직 남아있었다. 16/17 시즌 우승 이후에 거액의 연봉으로 재계약을 맺은 콘테는 2018/19 시즌까지 첼시의 감독으로 예정되어 있었다. 첼시는 콘테와 계약을 해지하기를 원했지만, 남은 1년치의 잔여연봉을 다 지급할 수는 없다는 입장이었다. 오프시즌 동안 이 문제는 해결이 되지 않았고 7월이 됐지만 첼시는 디에고 코스타의 문자 사건으로 팀에 손해를 끼쳤다는 이유를 들어 사실상 감독이 아니게 된 콘테에게 급여 지급을 미루고 있었다.

첼시는 이미 콘테의 후임 감독으로 마우리치오 사리를 내정해 계약 직전인 상황이었다. 물론, 콘테는 계약상 보장된 급여를 모두 받기를 원했다. 첼시와 콘테, 두 당사자는 잔여연봉 지급을 두고 소송까지 가게 됐지만, 애초에 첼시에게 그리 유리하지 않은 소송이었다. 결국 콘테는 남은 연봉을 모두 지급받았고, 2018년 7월 중순이 되어서야 콘테는 공식적으로 첼시의 감독에서 물러나게 됐다.

STEPHAN LICHTSTEINER

KWADWO ASAMOAH

콘테 축구의 윙백들

콘테는 백쓰리와 투톱을 즐겨 사용하는 감독인 만큼 그의 전술에서 윙백의 역할은 매우 중요하다. 백3에서는 윙백들이 주로 측면공격을 담당하기 때문에, 적시에 공격에 가담할 수 있는 전진성과 일정 수준 이상의 공격력이 모두 필요하다. 또 포메이션상 측면 지역에서 상대의 역습에 취약한 경우가 많기 때문에 굉장히 많은 활동량이 요구된다. 감독 콘테에게 특이한 점은 이런 윙백을 영입하는 선에서 그친 것이 아니라 선수의 포지션을 변경해서 유용하게 사용했다는 점이다. 유벤투스를 맡았던 시절 콘테의 대표적인 윙백은 좌측의 **아사모아**와 우측의 **리히슈타이너**였다. **리히슈타이너**는 유벤투스로 이적하기 전 이미 라치오에서 뛰어난 활약을 펼치면서 세리에 A 정상급 풀백으로 평가받고 있는 선수였다. **리히슈타이너**가 오기 전까지 유벤투스의 우측 풀백은 크게 강점인 포지션이 아니었다. 제비나는 나이에 따른 노쇠화 현상을 보였고, 그리게라나 마르코 모타의 경우 빅클럽에서 뛸 만한 경쟁력까지는 갖추고 있지 못했다. 돌이켜봐도 콘테가 유벤투스를 맡았던 첫 시즌에 피를로, 비달, **리히슈타이너**가 한꺼번에 영입된 것은 큰 행운이었다. **리히슈타이너**는 유벤투스의 연패 초반기에는 매우 큰 역할을 했고, 이후 다니 아우베스가 영입된 이후에는 백업에 머무는

경우가 많았다. 그러나 알레그리 감독 시절에도 종종 교체를 통해 경기의 흐름을 바꾸는 모습을 보였는데, 2017/18 시즌 토트넘과의 챔피언스리그 16강 2차전 경기가 대표적이다.

콰드오 아사모아는 콘테가 포지션 변경을 통해 성공시킨 윙백의 첫 번째 사례이다. 우디네세에서 뛰던 시절 **아사모아**는 특유의 드리블과 활동량을 통해 활약하던 미드필더였다. 콘테는 부임 초기에는 데 첼리에를 좌측 윙백으로 기용했지만, 기대만큼의 모습이 나오지 않자 과감하게 **아사모아**를 윙백으로 기용했다. **아사모아**는 좌측에서 많은 활동량을 보이며 공수 양면에서 안정감을 줬고, 적극적으로 공을 전방으로 운반했다. 안타까운 것은 **아사모아**는 이후 잇따른 부상으로 인해서 이런 활약을 보인 기간이 짧다는 점이다. 2018년 콘테를 따라 인테르로 이적했으나 이때도 초반을 제외하고는 부상으로 인해서 큰 활약을 보이지 못했다.

첼시에서는 **마르코스 알론소**와 **모제스**가 콘테의 윙백들이었다. **마르코스 알론소**는 이적시장 마지막에 다소 급하게 데려왔는데, 기대 이상의 활약을 보인 프리미어리그 우승 주역 중 하나였다. 첼시에서는 콘테가 3-4-3 포메이션을 자주 활용했는데, 이는 2선에 좋은 선수들이 많은 첼시의 자원을 충분히 활용하기 위한 전술이었다. **알론소**는 아자르가 수비수들을 끌어들이며 발생한 공간을 효과적으로 활용했

VICTOR MOSES

ACHRAF HAKIMI

으며, 뛰어난 왼발 킥을 통해서 득점과 도움을 다양하게 기록했다. 알론소는 이후 투헬 감독 아래서도 백백3에서만큼은 뛰어난 활약을 보였다.

빅터 모제스는 콘테 아래서 포지션을 변경한 선수 중에 가장 성공적인 사례로 꼽히는 선수이다. 원래 윙어였던 **모제스**는 스피드를 활용한 드리블 돌파만큼은 좋은 평가를 받는 선수였는데, 문제는 드리블 돌파 이후의 선택들이 좋은 편이 아니어서 첼시의 윙어로 뛰기에는 경쟁력이 부족했다. 그런 그를 콘테는 우측 윙백으로 기용하는데, 여기서 **모제스**가 가진 특유의 스피드나 전진성, 돌파력등이 빛을 발하게 된 것이다. 당시 프리미어리그에서는 4-2-3-1이나 4-3-3 형태가 많았는데, 콘테의 3-4-3 시스템의 윙백들은 모두 상대팀 윙어와 풀백들 사이의 절묘한 공간들을 선점해 좋은 활약을 펼쳤다. 그런 전술적 고안의 수혜를 받아 **모제스**는 좋은 활약을 펼칠 수 있었다. 그러나 수비력에서는 한계를 보이는 문제가 있었는데, 그래서인지 이후 인테르에 임대를 와서는 좋은 활약을 펼치지 못했다.

콘테는 인테르에서도 윙어들을 포지션 변경을 통해 윙백으로 자주 기용했는데, 이때는 그렇게 성공적이지 못했다. 좌측의 페리시치는 윙백에서는 부진한 모습을 보이면서 결국 바이에른뮌헨으로 임대를 갔고, 오히려 거기서 트레블 멤버로 활약했다. 칸드레바의 경우 꾸준하게 우측에 기용되면서 나름의 공격

포인트를 올리긴 했지만, 세밀함이나 정확도는 떨어지는 편이었다. 그래서 영입하게 된 것이 좌측의 애슐리 영과 우측의 **하키미**였다.

애슐리 영의 경우 이미 전성기가 많이 지난 시점이기에 큰 기대를 할 수는 없었지만, 나름대로 측면에서 공격적인 센스를 보였다. 그리고 **하키미**는 인테르가 우승한 2020/21 시즌 가장 큰 활약을 보인 선수 중 하나였다. **하키미**는 이미 도르트문트에서 폭발적인 스피드와 뛰어난 박스 침투 능력을 보인 선수였고, 인테르에서도 이런 장점을 잘 선보였다. 특히 인테르가 카운터 어택을 할 경우에 **하키미**는 루카쿠와 더불어서 가장 중요한 역할을 맡았다. **하키미**의 직선적인 움직임은 바렐라와도 궁합이 잘 맞아서 두 선수는 대부분의 경기에서 우측을 지배했다.

토트넘에서의 콘테는 아직까지 윙백에 대한 문제로 어려움을 겪고 있는 것 같다. 첫 시즌 레길론, 세세뇽, 도허티, 에메르송 로얄 등 선수자원 자체는 적지 않았지만, 문제는 이들이 좀처럼 콘테가 원하는 윙백의 완성도에는 미치지 못하고 있다는 점이었다. 그래도 21/22 시즌 후반부에 도허티가 보여준 모습은 좌우를 가리지 않고 비교적 준수했기에 22/23 시즌은 더 기대해볼 수 있다. 혹은 콘테가 모우라를 테스트했던 것처럼 누군가를 포지션 변경해서 성공시킬지도 모를 일이고, 베테랑 페리시치가 좋은 모습을 보일지도 모른다.

COLUMN

CHAPTER 5

친정팀의
라이벌 감독으로
세리에 리턴

2019-2021

첼시를 떠난 콘테는 1년 가까이 여유롭게 휴식기를 보내며, 다음 단계를 준비했다.
스페인의 레알마드리드나 독일의 바이에른뮌헨으로 갈 것이라는 소문이 돌았지만,
고국 이탈리아로 돌아갈 것이라는 뉴스도 심심치 않게 들렸다.
가장 가능성이 높은 곳은 친정 유벤투스처럼 보였지만, 적극적이고 구체적인 제안을 보내온 건 로마였다.
하지만 콘테가 선택한 클럽은 유벤투스도 로마도 아니었다. 검정색 줄무늬가 들어 있지만,
흰색이 아니라 파란색과 교차되는 유니폼 '네라주리'를 택한 것이었다.

인테르를 빠르게
정상궤도로 끌어올리다

2019/20시즌

첼시에서의 끝이 좋지는 않았지만, 이탈리아에 이어 잉글랜드에서도 우승을
차지한 콘테의 위상은 더욱 높아졌다. 콘테가 휴식기를 가지는 동안,
레알마드리드나 바이에른뮌헨 같은 유럽 최고의 구단들과 지속적으로 연결이 되고
있었다. 이탈리아 쪽에서는 로마, 유벤투스, 인테르 등이 콘테의 다음 행선지로
거론되고 있었다. 그리고 콘테가 선택한 팀은 놀랍게도 인테르였다.

'이탈리아 더비'라고 불릴 정도로 유벤투스와 인테르는 전통적인 라이벌이지만,
유벤투스의 감독을 지낸 후 인테르로 왔던 감독은 생각보다 쉽게 사례를 찾아볼 수
있다. 당장 콘테의 선수생활 당시 그의 감독이었던 트라파토니와 리피 모두
유벤투스에서 성공을 거둔 후 인테르의 감독을 맡았다. 그러나 2006년 칼초 폴리
사태를 거치면서 두 팀의 관계는 매우 껄끄러운 사이가 됐다.

2019년 당시 리그 8연패를 달리고 있던 유벤투스는 우승할 때마다 박탈당한
2004/05, 2005/06 시즌의 우승까지 포함해서 우승횟수를 구장에 내걸고 있었고,
이는 2005/06 시즌의 공식적인 우승팀인 인테르 입장에서는 매우 불쾌한
일이었다. 유벤투스는 유벤투스대로 다른건 몰라도 당시 승점 91점의 유벤투스와
15점이나 차이가 났던 인테르의 우승을 인정할 수 없다는 입장이었다. 8연패
기간동안 유벤투스는 인테르와 성적에서 비교가 안될 정도였지만, 감정은
여전했다.

유벤투스 팬들이 보기에 다른 사람은 몰라도 과거 유벤투스의 주장을 지내고,

팀을 부활시켜 8연패의 기반을 닦은 감독이 평범한
라이벌이 아닌 인테르의 감독으로 간다는 것은 감정적으로
받아들이기 어려운 일이었다. 유벤투스 팬들은 수천 명이
모여 콘테를 명예의 전당에서 제명하라고 시위까지 벌였다.
이런 배경이 있었기에 콘테의 선택은 더욱 과감하고
도전적으로 보였다.

2016년 쑤닝 그룹이 인테르를 인수한 이후 인테르는
처음부터 콘테를 감독으로 원하고 있었다. 오랜 기간 모라티
가문이 이끌던 인테르는 2013년 인도네시아의 에릭
토히르가 인수한 이후 계속된 성적 부진 속에 점차 구단의
위상이 하락하고 있었다. 그러다 당시 중국에서 가전제품
판매로 대기업으로 성장한 쑤닝 그룹이 유럽 진출을
노리면서 인테르를 인수하게 된 것이다. 쑤닝 그룹은 빠른
시간 내에 다시 인테르를 이탈리아 최고의 위치에 오르도록
만들고 싶었고, 그 적임자로 콘테를 원했던 것이다.

특히 2016년부터 인테르는 잘못된 감독 선임으로
성적부진의 늪에서 헤어나오지 못하고 있었다. 프랑크 데
부어, 스테파노 피올리 모두 실패의 연속이었다. 이런 흐름은
모라티 체제가 사실상 끝나가던 때부터 지속되었는데,
2011년부터 2017년까지 6년간 2년 이상 감독을 맡은
인물은 로베르토 만치니가 유일하다. 정확하게 말해
무리뉴 이후 대부분의 감독들은 채 1년을 넘기지 못했다.
그러다 2017/18 시즌 스팔레티 감독을 선임해 막판에
극적으로 챔피언스리그 진출에 성공했고, 만치니 이후
유일하게 2년 이상 감독직을 수행했다.

2019년 5월 31일 콘테가 3년의 계약기간을 맺고 정식으로
인테르의 감독직에 임명되었고, 7월에 프리시즌이 열리면서
콘테는 부임을 알리는 공식 기자회견을 했다.

"인테르를 선택하는 것은 간단했으며, 나는 세계에서 가장
중요한 클럽 중에 하나에 와 있고 바로 우리가 같은 비전을
갖고 있다는 걸 깨달았다. 나는 한계를 정하지 않았고,
변명하고 싶지 않다. 최근 몇 년간 형성된 격차를 줄이기
위해서는 최선을 다해야 한다."

"나를 선택한 사람들과 클럽 그리고 팬들에 대한 책임감이
크다는 걸 잘 알고 있다. 이런 점을 나의 선수들과 공유할
것이다. 나는 마법사가 아니지만, 내가 길을 제시하면
모두가 이 길을 따라와야 한다. 희생과 열정, 최선을
다하려는 욕망이 필요하다. 이런 야망을 함께하지 않는다면

높은 수준의 공격축구를 하고 싶고,
팬들을 흥분시키는 축구를 하고 싶다.
머리, 심장, 다리 이 세 가지는
언제나 나의 여정에 동참해 온
세 개의 기둥이었다.
그리고 이제 네 번째 요소인
열정이 더해질 것이다.

그들은 배제되어야 한다. 지난 두 시즌 연속으로 챔피언스
리그에 나가게 해준 스팔레티 감독에게도 감사한다."

"유벤투스에 갔을 때 그 팀은 2년 연속 7위를 기록하고
있었고, 첼시는 10위로 시즌을 마친 후였다. 그러나 모든
경험은 다르기 때문에 과거와 비교하는 것은 올바르지 않다.
중요한 건 어떤 경쟁에서도 우리 스스로가 한계를 두지 않는
것이다. 비록 우리가 1%의 승리 가능성만 가지고 있다
하더라도, 우리는 이 확률을 위해 아주 열심히 해야 한다.
우리는 개인보다 우리를 먼저 생각하는 특별한 사람들이
필요하다."

공식적으로 콘테가 부임함과 더불어 인테르의 이적시장도

바쁘게 돌아가고 있었다. 인테르의 이적시장을 총괄하는 것은 스포츠 부문 CEO였던 주세페 마로타였고, 콘테와 마로타는 이미 유벤투스 시절에 함께 일한적이 있기 때문에 콘테의 입맛에 맞는 보강이 있을 거라는 기대감을 줬다. 당시 인테르는 수 년간 팀의 간판스타로 활약해 온 이카르디가 팀원과의 불화로 인해서 주장직을 박탈당하는 사건이 있었고 인테르의 주 공격수가 바뀌는 것은 예정된 일이었다. 그리고 콘테가 원했던 공격수는 역시나 로멜루 루카쿠였다.

과거 첼시와의 영입 경쟁에서 많은 이적료를 지불했던 맨유가 그 금액을 고스란히 회수하길 원하고 있었기에 협상은 쉽지 않았지만, 인테르는 줄다리기 끝에 루카쿠 영입에 성공했다. 오랫동안 그를 원해왔던 콘테가 격하게

환영하자 루카쿠는 눈시울이 붉어질 정도로 감격했다. 인테르는 루카쿠 영입으로 인해서 이카르디를 확실하게 정리할 수 있었고, 결국 이카르디는 PSG로 임대를 떠나게 되었다. 이 19/20 시즌 인테르는 루카쿠 외에도 디에고 고딘과 니콜라 바렐라, 스테파노 센시, 알렉시스 산체스 등을 영입하면서 전력을 강화했다. 이제 관건은 팀의 포메이션이 바뀌는 만큼 새로운 시스템에 얼마나 빠르게 선수들이 적응할 수 있는가였다.

세리에 A가 시작되고 인테르는 개막전에서 레체를 만나 4-0의 대승을 거두면서 기분 좋게 출발했다. 루카쿠는 팀의 세 번째 골을 넣은 후, 콘테와 포옹하며 함께 기뻐했다. 이 경기를 통해 인테르에서 콘테의 포메이션이 윤곽을 드러냈는데, 우선 좌우 윙백은 아사모아와 칸드레바를

기용하며 미드필드 구성은 일단 기존 브로조비치나 베시노 외에 센시가 추가된 모습이었다. 바렐라는 이 시즌에는 완전한 주전이라고 보기에는 무리가 있었다. 그리고 전방에는 라우타로 마르티네스와 루카쿠의 투톱으로 구성되었는데, 특이한 점은 리그 초반에는 신체조건이 루카쿠보다 부족한 라우타로가 상대 수비수들과 경합을 벌이는 일이 좀 더 많았다. 이 시스템에서 가장 뛰어난 활약을 보인 것은 미드필더였던 스테파노 센시였다. 센시는 좌측 하프스페이스 지점에서 창의적인 플레이를 선보이면서 상대의 미드필더들을 자신으로 끌어 들였고, 이를 통해 브로조비치와 바렐라가 좀 더 원활하게 공격에서 자신들의 장기를 보여줄 수 있게 만들었다. 중앙을 장악하자 자연스레 측면도 풀렸고, 인테르는 경기에서 자주 유리한 상황을 만들었다. 인테르에게 너무 아쉬운 것은 센시가 이렇게 좋은 활약을 펼친 기간이 너무나 짧았다는 것이다. 센시는 7라운드 유벤투스와의 경기에서 전반 30분 만에 부상으로 빠지게 되었고 그 경기에서 인테르는 리그에서 첫 번째 패배를 당했다. 직전 바르셀로나와의 챔피언스리그 경기에서도 패하긴 했지만, 그 경기에서도 센시의 활약은 매우 뛰어나 인테르는 전반에는 바르셀로나 원정에서 압도할 정도의 플레이를 보였다. 센시는 이후 시즌 내내 부상에 시달리면서 인테르의 전력에서 이탈하고 만다. 유벤투스와의 경기에서 패하긴 했지만, 수확이 없던 것은 아니었다. 인테르는 센시가 빠진 이후 상대의 전방압박에 지속적으로 시달리면서 제대로 된 빌드업을 하지 못했다. 콘테는 후반에 디에고 고딘을 대신해 바스토니를 투입했는데, 고딘과 달리 패스에 재능이 있었던 바스토니는 곧바로 후방에서의 빌드업을 주도해 만들어 나갔다. 비록 팀은 이과인의 골로 패하긴 했지만, 바스토니는 이 경기 이후 점차 출전시간을 늘려가며 비중 있는 선수로 성장하기 시작했다.

인테르는 유벤투스전 패배 이후 연말까지 리그에서는 패배가 없었지만, 센시가 빠진 팀은 역동성과 창의성의 부족으로 고전하는 경기들이 생겨났다. 그 결과 챔피언스 리그에서는 도르트문트에게 밀리면서 결국 3위로 마감하고 말았다. 특히 마지막 바르셀로나와의 홈경기에서는 이미 조 1위가 확정된 바르셀로나가 주전들을 대거 제외하고 경기를 펼쳤음에도 불구하고 패하면서 챔피언스리그에 약한 콘테라는 이미지를 더 강하게 만들고 말았다. 이 경기에서 승리를 거뒀다면, 인테르는 상대전적에서 앞서 있었기에

도르트문트를 누르고 조2위로 16강에 진출할 수 있었다. 그렇게 인테르의 겨울은 시작되었다.

인테르는 겨울에 유독 약한 징크스를 가지고 있다. 만치니 시절부터 스팔레티 시절까지 팀이 전반기에는 좋은 성적을 거두면서 마치 우승할 것 같은 상승세를 보이다 겨울이 되면 부진이 시작되면서 결국 평범 이하의 성적에 그치게 되는 징크스이다. 콘테의 첫 시즌 인테르도 예외는 아니었다. 바르셀로나와의 챔피언스리그 6차전 경기에서 패배한 전후로 리그에서도 로마, 피오렌티나와 각각 무승부를 거뒀고, 이듬해 1월에는 아탈란타, 레체, 칼리아리와 무승부를 거두면서 조금씩 유벤투스와의 선두경쟁에서 밀리고 있었다. 겨울 이적시장에서 에릭센이 영입됐고, 윙백 포지션에서는 만족스럽지는 않겠지만, 그래도 콘테의 의중이 들어간 애슐리 영과 모제스가 영입됐음에도 팀은 유의미하게 나아진 모습을 보이지는 못했다.

2월에 들어와 밀란과의 더비에서 대역전승을 거두면서 다시 상승세를 탈 것으로 보였지만, 이어 코파 이탈리아 나폴리전

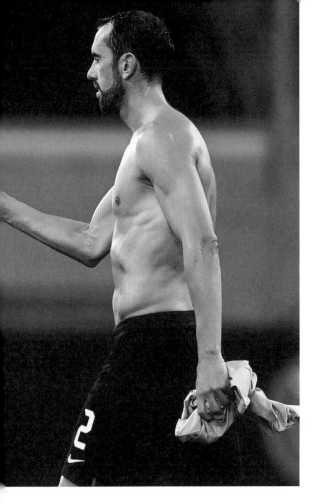

패배, 라치오전 패배 등으로 이제는 유벤투스를 쫓기보다는 라치오에게 추격을 걱정하는 처지에 놓이게 되었다. 그리고 코로나 사태로 인한 리그 중단 전 마지막 경기였던 유벤투스와의 원정 경기에서는 2-0으로 완패하면서 우승에 대한 기대감은 많이 줄어들었다. 무관중 경기였지만, 인테르는 이런 상황에서도 유벤투스에 대한 부담감을 떨쳐지지 못했다. 이 경기를 끝으로 세리에는 6월까지 긴 휴식기를 갖게 됐다.

이탈리아는 유럽의 국가들 중에 가장 먼저 코로나 피해를 입은 나라였다. 2월 중순부터 이탈리아의 확진자 숫자는 가파르게 늘어났으며, 사망자 수 또한 늘어나고 있었다. 세리에 클럽들은 대부분 북부에 몰려 있기 때문에 리그 중단은 피할 수 없는 처사였다. 이탈리아의 코로나 확진자 수는 3월 말에는 10만명까지 늘어났고, 사망자도 1만명 이상이었다. 이탈리아에 이어 유럽 전역에 코로나로 인한 팬데믹 사태가 벌어지면서 결국 각국의 리그는 모두 중단되고 UEFA가 주관하는 유럽클럽대항전도 모두

잠정적으로 중단되었다. 사상 초유의 사태이긴 하나, 어찌 보면 인테르에게는 기회가 될 수도 있었다. 좀처럼 반등의 계기를 찾지 못하고 있던 인테르와 콘테에게는 팀의 심리적 부담감을 해소하고 새로운 전술 구상을 할 수 있는 시간이 될 수도 있었기 때문이다. 특히 에릭센을 어떻게든 활약하도록 만드는 것은 중요했다. 센시의 부재로 비롯된 창의성과 기동력의 결여를 토트넘에서 활약하던 에릭센이라면 채울 수 있을 것 같았다.

관중이 들어올 수는 없었지만 6월에 마침내 리그가 재개되었다. 콘테는 에릭센을 10번 자리에 두는 3-4-1-2 형태를 지속적으로 시도해봤지만 결과는 신통치 않았다. 30라운드 볼로냐전에서 1-2로 패한 뒤 인테르는 승점 64점으로 라치오에 뒤를 이은 3위에 불과했고, 선두인 유벤투스와는 무려 승점이 11점차나 나고 있었다. 이 시점에서 인테르의 우승 가능성은 사실상 없었다. 정작 리그가 재개된 이후에 급격한 상승세를 보인 팀은 다름 아닌 밀란이었다. 밀란은 아탈란타에게 5-0으로 대패를 할 때만 하더라도 미래가 없는 팀처럼 보였다. 구단주는 돈을 제대로 갚지 못해 팀은 사모펀드에게 넘어갔고, 선수단은 과거의 영광과는 전혀 관련이 없는 것처럼 무기력했다. 감독인 피올리 역시 라치오, 인테르, 피오렌티나 등 좋은 팀을 연달아 맡았지만 특출하게 좋은 성적을 거뒀다고 보기는 어려웠다. 그러나 밀란은 피올리 감독이 몇몇 세부전술에 변화를 주면서 급격한 상승세를 이끌어냈고, 결국 밀란은 시즌 마지막까지 한 번도 패배하지 않았다. 이 때의 경험은 현재 밀란이 다시 강팀으로 거듭나는 데 매우 중요한 계기가 되었다.

아탈란타에게도 밀리며 4위까지 내려가고 나서야 인테르는 조금씩 회복하기 시작했는데, 이는 상대적으로 리그 재개 이후 부진한 라치오 덕이 컸다. 이때 4위권 이내의 팀들 (유벤투스, 인테르, 아탈란타, 라치오)과 그 아래 나머지 팀들과의 격차가 이미 승점 10점 이상 벌어져 있었기 때문에 동기부여가 약했던 것도 하나의 원인이었을 것이다. 36라운드를 마치고 유벤투스는 우승을 확정지었고, 남은 것은 인테르, 아탈란타, 라치오 간의 큰 의미 없는 2위 싸움이었다. 마지막 38라운드 아탈란타와의 원정경기에서 인테르는 리그 재개 이후 가장 좋은 경기력으로 2-0 승리를 거둬 최종적으로 2위를 차지했다. 유벤투스와는 승점 1점차. 그래도 무리뉴 시대 이후 가장 우승에 근접한 시즌이었다.

02

콘테는 어디에서나
트러블메이커인가?!

2019/2020시즌

리그도 코파 이탈리아도 우승하지 못했지만, 인테르에게는 아직 우승컵을
들어올릴 기회가 남아있었다. UEFA는 코로나 팬데믹 사태로 인해 챔피언스리그와
유로파리그 모두 각국의 리그가 끝난 8월에 한 국가에서 모여서 단판 토너먼트로
진행하기로 결정했다. 유로파리그는 독일에서 펼쳐지기로 결정됐고, 인테르는
16강 헤타페와의 일전을 앞두고 있었다. 그런데, 이 중요한 시점에서 콘테가
구단에 불만을 표출하는 일이 생겼다. 발단은 아탈란타와의 리그 최종전이 끝난
후의 인터뷰였다.

"이번 시즌 우리가 해낸 일에 대해서는 칭찬받을 만하다. 그러나 아직
유벤투스와의 격차가 크다. 우리도 개선 중이지만, 유벤투스는 경기장 안팎으로
좋은 환경을 갖추고 있다. 개인적으로는 힘든 시즌이었다. 선수들이 펼친 활약이
인정받지 못했다고 생각한다. 선수단과 나는 구단으로부터 보호받지 못했다.
우리는 모든 방면에서 성장해야 하고, 빅클럽이면 선수를 더욱 더 보호해야 한다.
이번 시즌이 끝나고 구단과 이야기를 할 것이고, 나는 회장과 만날 것이다.
하지만, 그는 지금 중국에 있다. 우리는 몇 달 내내 보호받지 못한 채 똥 같은(문자
그대로 실제로 이렇게 말했다) 대우를 받았다. 나는 비전이 있고, 인테르가 가야할
길을 보고 있다. 우리는 좋지 못한 시간이라도 함께 이겨내야 한다. 하지만,
인테르에는 일희일비하는 사람이 있는 것 같다. 2017년 스팔레티 감독이

인터뷰에서 이 문제를 제기한 것을 알고 있다. 지금은 2020년인데도 달라진 게 없다. 이건 이적시장이나 선수에 대한 이야기가 아니라는 점을 분명히 하고 싶다."

이 인터뷰 이후 콘테와 인테르 구단 사이의 온갖 불화설이 나돌면서 인테르 팬들의 불만이 커졌는데, 인테르 팬들이 콘테의 이 발언에 민감하는 반응하는 것은 이유가 있다. 과거 20년 전인 2000년에도 인테르는 당시 감독이던 마르첼로 리피와 비슷한 마찰을 겪었던 것이다. 당시 리피는 2000/01 시즌 챔피언스리그 예선에서 탈락하며 본선에 진출조차 하지 못했고, 리그 개막전에서는 레지나에게 패하면서 많은 비판을 받았다. 그러자 리피는 '이 팀은 모든 것이 잘못되었다. 내가 회장이라면 코치부터 선수단 전체의 엉덩이를 걷어차 버리겠다'는 발언을 하고 인테르에서 경질되었다. 이후 리피는 다시 유벤투스의

감독을 맡아 2번이나 리그 우승을 차지했다.

인테르 팬들이 콘테의 발언에 민감할 수밖에 없는 건 이런 역사가 있기 때문이었다. 또 이적시장은 열려 있는 상황에서 은돔벨레와 슈크리니아르 스왑딜 루머 같은 이야기가 도는 것에도 팬들은 불만을 가졌다. 슈크리니아르가 콘테의 백3에서 다소 부진했다고 하더라도 팀에 대해 많은 충성심을 내보였던 선수이기 때문이었다. 이 와중에도 인테르는 맨유와 계약이 끝난 알렉시스 산체스와 계약을 맺었고, 하키미를 영입해 콘테가 원하는 선수들을 맞춰주고 있었으니 팬들의 배신감은 더 컸다.

그리고 아니나 다를까, 언론을 통해서 콘테의 유벤투스 복귀설이 흘러나오기 시작하면서 사태는 점점 심각해져 갔다. 콘테는 전세계 감독들 중에서도 손꼽힐 정도로 많은 연봉을 받는 감독이지만 구단 내부에서는 위약금을 물고서라도 경질해야 한다는 의견이 나오기 시작했다.

부정적인 여론이 확산되자 콘테는 유베 복귀설을 부인하면서 해당 기사를 쓴 언론을 고소하겠다고 밝히면서 진화에 나섰다. 인테르를 위해서 자신이 할 수 있는 모든 것을 할 것이라는 다짐을 남긴 채. 헤타페와의 유로파리그 16강전을 하루 남겨둔 날이었다.

뒤숭숭한 상황을 뒤로한 채 유로파리그 녹아웃 토너먼트가 열렸다. 인테르는 헤타페와 레버쿠젠을 연달아 이기면서 4강에 진출했다. 우려와는 달리 선수들은 자신들이 해야 할 일을 잘 알고 있었고, 루카쿠는 두 경기에서 모두 득점하면서 팀을 이끌었다. 샤흐타르도네츠크와의 4강전은 인테르가 압도적인 모습을 보인 경기였는데, 점유율과 패스숫자만 많았던 샤흐타르를 인테르가 완벽하게 공략했던 것이다. 5-0의 대승을 거두고 결승에 오른 인테르의 상대는 세비야였다.

세비야 이전에, 전신인 UEFA컵을 포함해서 유로파리그에서

가장 좋은 성적을 거둔 팀은 다름 아닌 인테르였다. 인테르는 1990년대에만 UEFA컵에서 4번 결승에 올라 3번이나 우승을 차지했다. 1997/98 시즌 라치오와의 UEFA컵 결승에서 호나우두가 스텝오버 드리블을 통해 골키퍼를 제치고 골을 넣는 장면은 한동안 스포츠 뉴스나 여러 하이라이트 비디오에서 자주 볼 수 있었다. 그러나 21세기 들어와 세비야는 결승에 5번 올라 모두 우승을 차지하면서 인테르를 유로파리그에서도 2인자로 만들어 버렸다. 인테르에게는 자존심을 회복할 좋은 기회이기도 했다.

양 팀 모두 바네가와 브로조비치라는 핵심적인 미드필더의 역할이 중요한 경기였다. 바네가는 창의적인 패스를 통해서 공격을 진행하는 능력이 뛰어나고, 브로조비치는 많은 활동량을 통해 원활하게 공을 돌릴 수 있는 데 강점을 가지는 선수이기 때문에 각각 이들을 어떻게 봉쇄하느냐가

Sevilla 3

세비야

12' 33' 더 용
74' 로멜루 루카쿠 (OG)

레길론 · 바네가 · 수소 · 카를루스 · 부누 · 페르난두 · 더 용 · 쿤데 · 조르단 · 오캄포스 · 나바스

세비야 줄렌 로페테기 감독 4 - 3 - 3

2019/20 유로파리그 결승전 선발 라인업 2020년 8월 21일, 라인 에네르기 슈타디온, 독일 쾰른

주요 수비전략이었다. 경기 시작 5분만에 인테르가 PK로 선제골을 만들면서 유리하게 출발했다. 하지만 세비야도 선제골을 내준 지 10분도 채 되지 않아 그 루크 더 용이 헤더로 동점골을 넣으면서 경기는 팽팽하게 진행됐다. 인테르는 수비시에 브로조비치에게 바네가가 압박하는 역할을 맡겼지만, 생각대로 잘 되진 않았다. 브로조비치가 접근하기 전에 바네가는 측면 쪽에 빠르게 공을 전달해줬기 때문이다. 물론, 세비야도 측면까지의 전개가 잘 된 것에 비해서 다시 박스 안으로 공을 투입하는 것은 쉽지

않았지만, 첫번째 득점 장면에서는 이런 방식이 잘 통했기 때문에 루크 더 용의 동점골이 나올 수 있었다. 인테르는 공격에서 기본적인 전략을 공을 점유하기 보다는 전방으로 빠르게 보내는 쪽이었는데, 패스 정확도가 아쉬웠기 때문에 아주 위력적이지는 못했다. 양 팀 모두 오픈 플레이 상황에서는 실점하지 않았고, 이후 전반에 나온 골은 모두 세트피스에서 나왔다.

2-2로 팽팽히 맞선 상황에서 후반이 시작되었고, 실점을 두려워한 양 팀은 전반보다 소극적으로 경기를 진행했다.

2 Inter Milan

인테르 밀란

5' 로멜루 루카쿠 (PK)
36' 디에고 고딘

담브로시오

고딘

루카쿠　바렐라

브로조비치　브레이　한다노비치

마르티네스　갈리아르디니

바스토니

영

3 - 5 - 2　　　　　**인테르 밀란** 안토니오 콘테 감독

하지만, 그런 상황이라면 보다 오래 공을 갖고 있는 팀이 좀 더 유리했다. 결국 세비야는 지에구 카를루스의 헤더가 루카쿠에게 맞고 들어가면서 자책골을 이끌어냈고, 끝내 이를 지켜냈다. 실점 이후 뒤늦게 알렉시스 산체스, 에릭센, 모제스 등을 투입했지만 흐름은 돌아오지 않았다. 콘테는 이번에도 결승전에서 이기지 못했다. 인테르의 10년 만의 유럽클럽대항전 결승 도전은 너무나 아쉽게 끝났다.

결국 인테르는 무관인 채로 시즌을 마쳤다. 무리뉴 시대 이후 다시 한번 3개의 대회에서 우승에 도전한 시즌이었고,

이는 과거 10년에 비해서 훨씬 나아진 결과였다. 하지만, 유로파리그로 인해 잠시 가라앉았던 콘테와 구단간의 문제는 해결해야 했다. 콘테는 유로파리그가 끝난 후에 다시 한 번 리그가 끝난 뒤 했던 인터뷰와 비슷한 뉘앙스의 말을 했다.

이 인터뷰 이후 이탈리아의 주요 언론들은 모두 인테르와 콘테의 결별을 기정사실화했다. 인테르와 콘테와의 미팅은 상호합의 하에 계약을 해지하기 위한 만남이 될 것이라는 전망이 다수였다. 콘테는 보호라는 명분으로 불만을

가족이 먼저인지 축구가 먼저인지부터 생각해봐야 할 것 같다.

나는 더 이상 (구단에 대한 불만을 말하는 데에 있어) 물러나지 않을 것이다.

우리 모두의 의견이 팀의 개선인지 단지 이 상황을 모면하기 위한 것인지 두고 봐야겠다.

다음 주에 구단과 만나서 내 미래를 결정할 것이다.

다음 시즌에도 내가 인테르의 감독일지 모르겠다.

함께 결정할 것이다. 인테르는 나와 함께, 혹은 내가 없는 미래를 계획할 것이다.

선수들의 공로가 인정받지 못했고, 나의 공로도 인정받지 못한 것 같다.

우리 모두는 구단으로부터 거의 보호를 받지 못했다.

나는 사람들이 대세에 휘둘리는 걸 싫어한다.

좋을 때나 나쁠 때나 한결같아야 하는데 여기 인테르에서는 그러지 않았다.

실망스럽다. 우리는 경기장 밖을 비롯한 모든 곳에서 성장해야 한다.

그리고 빅클럽은 선수들을 더욱 보호해줘야 한다.

제기했지만, 대다수는 이적시장에서 보다 높은 영향력을 행사하지 못했던 것이 원인이라고 봤다. 슈크리니아르와 은돔벨레의 스왑딜이나 브로조비치 방출 등의 선수단 개편을 원하지만, 구단이 이를 막고 있기 때문에 불만이 생겼다는 것이다.

하지만 슈크리니아르와 브로조비치 모두 팀의 핵심 선수들이자 팬들의 많은 사랑을 받는 선수이기 때문에 이들을 내보내는 것은 그리 간단한 문제가 아니었다. 아무리 슈크리니아르가 백3에서 부진했다 하더라도, 브로조비치가 음주와 관련하여 문제를 일으켰다고 하더라도 이들은 쉽게 내보낼 수 있는 선수들이 아니었다. 디에고 코스타의 선례를 볼 때도 이는 축구적으로 리스크가 큰 결정이기 때문이었다. 콘테의 다음 행선지로 맨유, 유벤투스 등이 거론되고 있었고, 인테르는 다음 감독으로 알레그리 선임이 유력하다는 보도까지 나왔다.

이 시기 콘테가 유달리 민감하게 굴었던 이유를 콘테 자신의 재정적인 문제 때문이라고 보는 시각도 있다. 콘테는 첼시의 감독이던 시절 한 자산관리사에게 자산을 맡겼는데, 그 규모가 무려 3000만유로(한화 약 400억원)에 달했다. 콘테를 비롯한 8명의 개인 투자자들은 이 자산관리사에게 돈을 맡겼지만, 이 자산관리사가 속한 회사는 유령회사였다. 회사주소, 이메일 등 모든 것이 다 가짜였던 것이다. 사기꾼에게 400억원의 돈을 잃는다면 누구라도 심리적으로 매우 불안정할 수밖에 없을 것이다.

그리고 2020년 8월 25일, 인테르와 콘테 간의 회동이 있었다. 회장인 스티븐 장을 비롯해 스포츠 부문 CEO인 마로타, 조직 부문 CEO인 안토넬로, 아우질리오 스포츠 디렉터 등 인테르의 고위 인사 모두가 나왔고, 콘테는 변호사와 함께 참석했다. 회의 결과에 따라서는 언론의 추측대로 계약해지의 자리가 될 수도 있었다. 그러나 회의

결과 콘테는 인테르에 남기로 했다. 구단의 공식적인 성명은 다음과 같았다.

"구단과 안토니오 콘테는 연속성과 전략에 초점을 맞춘 건설적인 회의를 했고, 두 당사자가 인테르의 프로젝트에 계속 협력할 수 있는 기반을 마련했다."

콘테가 인테르에 남게 된 데는 회장인 스티븐 장의 설득이 결정적이었다. 스티븐 회장은 코로나 사태 이후 클럽의 재정에 대해서 설명하고 하키미를 제외하면 앞으로 이렇게 선수에게 돈을 쓰기는 어렵다고 솔직하게 말했다. 그리고 만약 클럽을 떠나겠다면 상호합의 해지금으로 600~700만 유로 정도를 예상하고 있다고 했다. 이에 콘테는 구단 측에 솔직하게 이야기해줘서 고맙다고 했고, 당장 우승을 해야만 하는 것은 아니라는 점을 명확하게 팬들에게 말해주기를

원한다고 했다. 그래서 양자의 합의는 인테르가 우승을 원하지 않는 것은 아니나, 전력 보강을 위해서는 판매를 통해 이적료를 마련하는 등의 신중한 투자가 있어야 한다는 가이드 라인이 정해졌다.

시즌 마지막에 불거진 일련의 소동은 이것으로 끝이 났다. 2020/21 시즌에도 인테르의 감독은 여전히 콘테로 정해졌다. 그러나 콘테는 유벤투스 시절 백3를 주전술로 택한 이후 점점 보수화되고 있는 자신의 경기전략과 팀 운영에 대해서 재고해야 할 시점이었다. 인테르는 콘테와 함께 많은 발전을 이뤘고, 우승이라는 목표에 거의 근접했다. 콘테의 말과 달리 인테르는 조금만 더 성장한다면 혹은 조금만 더 운이 따라준다면 충분히 우승을 할 수 있는 위치에 이미 도달해 있었다.

03

챔피언스리그는 물론
유로파리그에서도 사라지다
2019/2020시즌

콘테의 잔류에 따라 인테르의 이적시장도 방향이 완전히 달라지게 됐다. 쿰불라나
토날리 등 미래를 대비한 선수들의 영입에는 미온적이었고, 대신에 제코, 비달,
콜라로프, 캉테, 다르미안 등 비교적 경험이 많고 즉시전력감이라고 볼 수 있는
선수들과 더 많이 연결되었다. 결국 쿰불라는 로마로, 토날리는 밀란으로
이적했다. 콘테는 캉테를 강하게 원했지만, 코로나 팬데믹으로 인해 매출이
급격하게 하락한 인테르 입장에서 몸값이 높은 캉테는 불가능한 영입이었다.
9월까지 계속된 이적시장에서 디에고 고딘과 보르하 발레로 등이 팀을 떠났고
콜라로프, 비달, 다르미안이 팀에 합류했다.
인테르의 리그 첫 경기는 피오렌티나와의 대결이었는데, 경기 자체만 보면
역전에 재역전이 거듭된 흥미진진한 경기였다. 인테르는 막판까지 3-2로 지고
있었지만, 87분과 89분 2분 사이에 루카쿠와 담브로시오가 연속해 득점하면서
4-3의 짜릿한 역전승을 거뒀다. 콘테는 에릭센을 선발로 내세운 3-4-1-2를 다시
한번 사용했는데, 에릭센을 선발로 내세운 것 자체보다는 19/20 시즌과 비교했을
때 보다 공격적으로 팀을 운용하는 방식이 더 눈에 띄었다. 이미 19/20 시즌
후반기부터 콘테는 센터백들을 전진시켜서 상대의 하프스페이스 지점을
공략하려는 부분전술을 자주 보였는데, 이 시즌에는 라인 자체를 끌어올리면서
이런 센터백들의 전진을 보다 용이하게 했다. 다만, 라인 자체가 높아지다 보니
상대의 역습에는 그만큼 취약해졌는데, 피오렌티나와의 경기에서는 페리시치를

윙백으로 기용하면서 리베리에게 자주 위험한 순간을
노출하기도 했다. 인테르 입장에서 아주 잘한 경기라고
볼 수는 없지만, 변화를 시도한 것에 의미를 둘 수 있었다.
콘테의 이런 시도는 한동안 계속됐다. 리그 두 번째 경기인
승격팀 베네벤토와에게도 5골을 넣으면서 승리했다.
하지만 실점도 2골이 따라왔다. 리그 개막 후 처음 두
경기에서 9골을 넣은 것은 인테르 구단사상 최다 기록이긴
한데, 문제는 실점도 늘어났다는 것이다. 직전 시즌
최소실점팀답지 않게 수비에서 자꾸 문제가 발생했다.
이런 문제점은 그 뒤 이어진 라치오와 밀란 같은 팀들과의
대결에서 결국 좋지 않은 결과로 나타났다. 높은 레벨의
팀과의 경기에서 인테르의 공격력은 폭발하지 못했고,
실점은 이어졌다. 이때부터 12월까지 인테르는 팀의
밸런스를 찾기 위해 많은 노력을 기울일 수밖에 없었다.
콘테는 센터백 조합을 수없이 바꿔가면서 해결책을 찾는데
골몰했다.
하지만 대가는 컸다. 이 기간 동안 챔피언스리그 조별
라운드 경기가 있었기 때문이다. 직전 시즌과 비슷하게
레알마드리드, 뮌헨글라드바흐, 샤흐타르도네츠크와 한
조에 속한 인테르는 챔피언스리그 4차전까지 단 1경기도
승리를 거두지 못했다. 물론, 당초 예상과는 달리 이 조는
마지막까지 16강 진출팀이 누가 될지 몰랐던 혼돈의 조였다.
인테르는 5차전 뮌헨글라드바흐 원정에서 첫 번째 승리를
거두면서 일말의 희망을 가지게 되었다. 5차전에서
레알마드리드가 샤흐타르에게 또다시 패하면서 모든 팀들이
16강 진출이 가능함과 동시에 모든 팀들이 16강 진출에
실패할 가능성이 생긴 것이었다. 레알마드리드의 마지막
경기는 뮌헨글라드바흐와의 홈경기였기에 인테르가
레알마드리드와 동시에 승리를 거두기만 한다면 상대전적
우위로 인해 뮌헨글라드바흐를 제치고 조2위로 16강에
올라갈 수 있었다.
인테르의 6차전 상대는 샤흐타르도네츠크. 원정에서는
0-0으로 비겼으나 직전시즌 유로파리그 4강에서
압도하면서 승리를 거뒀던 팀이고, 이번에는 홈에서 치르는
경기였다. 승리에 대한 기대감은 어느 때보다 높았지만,
콘테는 이번에도 챔피언스리그에서 실패했다.
레알마드리드가 뮌헨글라드바흐에게 승리를 거두는 동안
인테르는 샤흐타르와의 홈 경기에서 또다시 한 골도 넣지
못한 채 0-0으로 비기고 말았다. 이 결과로 인해 인테르는
조 최하위가 되어 유로파리그도 진출하지 못한 채 이 시즌

유럽클럽대항전에서 완전히 사라지게 됐다.
챔피언스리그에서 최하위로 탈락한 이후 콘테에 대한
부정적인 여론은 폭발했다. 지난 시즌 말미부터 시작된
구단과의 갈등, 리그와 챔피언스리그에서의 잇따른
졸전에다 부진한 시기 동안 내뱉은 지나치게 공격적인 발언
등 콘테는 더 이상 인테르의 감독을 맡기 어려울 것 같았다.
콘테는 부진한 시기 동안 '레알마드리드의 조1위는 이미
결정되어 있다', '샤흐타르전 졸전의 원인은 심판 판정과
불운 탓이다', '여전히 팀이 더 성장해야 한다'는 등 인테르
팬들이 보기에 납득하기 어려운 발언을 반복했다. 콘테는
전임 스팔레티 감독을 비롯해 근래의 인테르 감독들 중에
가장 많은 지원을 받은 감독이었지만, 팀의 부진은
자신보다는 외부에 원인이 있다는 식으로 변명했다.
그러나 실제로 인테르가 콘테를 경질하기는 쉽지 않았다.
인테르는 콘테가 감독으로 있는 동안에도 여전히 스팔레티
감독에게 동시에 연봉을 지급하고 있었기 때문이다.
18/19 시즌이 시작되기 전 스팔레티 감독과 재계약을 맺은
것이 화근이었다. 이 시기 인테르는 1년에 감독에게만 주는
비용이 세계에서 가장 높은 팀이었기에, 코로나 상황에서
또다시 새로운 감독을 데려올 여력이 없었다. 인테르가
감독을 바꿀 수 있는 상황은 콘테가 잔여연봉을 포기하고
스스로 물러나는 방법뿐이었다. 그리고 그렇게 물러난다고
하더라도 콘테만큼의 명성과 성과를 낸 감독을 데려올 수
있을 지도 미지수였다. 이런 현실적인 사정으로 인해 콘테는
여전히 인테르의 감독으로 남을 수 있었다. 대신 겨울
이적시장에서 이렇다 할 보강도 없었다. 전력 외로 분류됐던
나잉골란만 칼리아리로 보냈을 뿐이었다.

04

극적인 반등

결국 콘테가 여론을 뒤집을 방법은 결과로 보여주는 것뿐이었다. 챔피언스리그
에서는 최악의 결과를 냈지만, 12월부터 리그에서는 서서히 성적이 좋아지고
있었다. 12월에 4위였던 인테르는 샤흐타르와의 경기 이후 리그에서 5연승을
달리면서 선두인 밀란을 바짝 추격했다. 그 뒤 삼프도리아에게 패하면서 잠시
흔들리기도 했지만, 18라운드 유벤투스와의 경기에서 2-0의 승리를 거두면서
팀은 완전히 살아났다. 콘테가 인테르를 맡은 이후 유벤투스에게 거둔 첫 번째
승리였다.
일단 상승세를 타기 시작한 팀은 2월의 어려운 일정도 쉽게 돌파했다.
유벤투스와의 코파 이탈리아 8강전을 전후에 피오렌티나-라치오-밀란으로
이어지는 죽음의 일정이었다. 인테르는 코파 이탈리아에서는 유벤투스에게
탈락했지만, 피오렌티나, 라치오, 밀란에게 모두 승리를 거뒀다. 같은 기간 밀란이
스페지아에게 패하면서 인테르전까지 2연패를 당한 것과는 상반된 결과를
가져왔다. 인테르는 마침내 1위를 탈환했다.
성적이 좋아지자 팬들과 콘테의 갈등도 봉합됐다. 코파 이탈리아 유벤투스와의
경기에서 콘테와 아넬리가 말다툼을 벌인 것은 오히려 인테르 팬들에게는
호감으로 느껴졌고, 콘테는 SNS를 통해서 팬들과 전술 주제로 소통을 하기도
했다. 밀라노 더비에서 루카쿠와 이브라히모비치간의 설전 등은 오히려 팀을
하나로 뭉치게 만들고, 팬들이 더욱 인테르에 열광하도록 만들었다. 스쿠데토,

단 하나의 목표만 남은 팀은 놀라울 정도로 단단하게 뭉쳐 있었다.

후반기에 인테르의 가파른 상승세는 팀 전체에 자신감을 끌어올렸고, 그렇게 끌어 올린 자신감은 다시 승리를 가져오는 선순환을 낳았다. 인테르는 16라운드 삼프도리아 에게 패한 것을 마지막으로 17라운드부터 36라운드까지 무려 20경기 동안 단 한 번의 패배도 없이 16승 4무라는 압도적인 성적을 거뒀다. 37라운드 유벤투스와의 경기에서 다시 패배하긴 했지만, 이미 34라운드에 우승을 확정 지었기에 큰 의미를 두기는 어려웠다. 유벤투스는 이 승리를 발판삼아 간신히 챔피언스리그에 진출할 수 있었다.

인테르의 최종성적은 28승 7무 3패 승점 91점. 2위권 팀들과 10점 이상 차이가 나는 우승이었다. 콘테는 자신이 시작한 유벤투스의 9년 천하를 자신의 손으로 끝냈다.

인테르의 후반기 상승세는 콘테가 전반기에 수많은 시행착오를 거치면서 결국 수비진의 안정화를 이뤄낸 것이 가장 큰 원인이었다. 슈크리니아르는 마침내 백3 시스템에도 적응하면서 팀은 바스토니, 더 브레이, 슈크리니아르로 이어지는 강력한 수비진을 구축할 수 있었다. 시즌 초반 시도했던 강도높은 전방압박과 높은 수비라인 설정은 시즌이 진행될수록 낮아졌는데, 이렇게 경기전략을 바꾸면서 인테르는 하프라인 근처부터 유연한 압박을 통해 상대가 박스로 접근하는 것을 최대한 지연했다. 이런 방식으로 많은 수비 상황에서 수비진들이 충분히 대비를 할 수 있게 만들고 나니 자연스레 상대팀이 박스 근처나 박스 안에서 기회를 만드는 일이 적어졌다. 공격에 있어서는 안정된 수비진을 바탕으로 미드필더들과 효과적인 후방 빌드업을 구사했고, 연쇄적으로 미드필드

놀라운 2년간의 여정이었다!
우리를 둘러싼 평범함의 논리를 깨고서
매일같이 우리는 강해졌고, 결단력과 의지,
희생을 통해 성장했다. 예외 없이, 핑계 없이,
우리는 존중하고 훈련하면서 오직 노력, 노력,
노력만을 반복했다. 어떤 팀보다도 역사와
전통이 있는 인테르가 있어야 할 그 자리로,
우리는 11년 만에 스쿠데토를 다시 가져왔다.
이 모든 것을 가능하게 해준 모든 사람들에게
사한다! 선수들, 스텝들, 회장, 관리자들
그리고 지난 2년 동안 우리를 돕고 지지한 모든
구성원들. 팬데믹으로 인해 모두가 힘든 시기에
함께한 인테르 팬들에게도 우리는 항상 팬들의
성원과 따스함 그리고 친밀감을 느꼈다.
산시로에서 스쿠데토 우승컵을 함께
들어올리는 이 사진을 함께 나누고 싶다.
언제나 여러분을 잊지 않겠다!
감사한다! 위대한 것을 향해 나아가자!

AntonioConte ✔

지역에서도 상대의 압박을 잘 벗어났다. 또한 루카쿠를 활용한 빠른 역습은 인테르가 가진 강력한 무기였는데, 이를 통해 팽팽한 경기양상에서도 득점을 뽑아낼 수 있었다. 로멜루 루카쿠는 콘테의 지휘 아래 가장 발전한 선수 중에 하나였다. 그는 에버턴 시절 이후 처음으로 2시즌 연속 20골 이상을 득점하면서 인테르의 우승에 일등공신 역할을 했다. 처음 인테르에 왔을 때만 하더라도 몸싸움에 소극적이던 그는, 콘테의 조언대로 반 시즌 이상을 라노키아와 함께 포지셔닝과 몸싸움 훈련을 하자 리그에서 가장 파괴적인 스트라이커로 거듭났다. 시간이 걸렸고 들어간 대가도 만만치 않았지만, 콘테는 가장 강력한 무기와 강력한 방패를 만들었고, 결국 인테르를 우승으로 이끌었다. 하지만, 우승을 차지한 인테르의 사정은 여의치 않았다. 콘테가 인테르의 감독으로 막 부임했을 때 인테르의 오너인

쑤닝 그룹과 콘테의 야망은 일치했었다. 하지만, 코로나 팬데믹으로 인한 상황과 중국 국내 사정은 쑤닝이 더 이상 인테르에 큰 투자를 할 수 없게 만들었다. 인테르는 막대한 부채가 쌓여가는 중이었고, 최고의 팀이 유지되기를 원하는 콘테와 긴축재정을 원하는 쑤닝의 목표는 더 이상 일치하지 않았다. 결국 콘테는 상호합의 하에 인테르를 떠났다. 리그가 끝난 지 채 일주일도 지나지 않아 벌어진 일이었다. 개인 SNS를 통해 짧은 인사말을 남긴 콘테는 2년만에 다시 새로운 팀을 구하게 됐다. 인테르는 우승의 주역이었던 루카쿠와 하키미가 이적했고, 새로운 감독으로는 라치오를 이끌던 시모네 인자기 감독이 부임했다.

다시 자유의 몸이 된 콘테는 유럽 최상위 구단들과 접촉 중이라는 보도가 잇따랐다. 먼저 강력하게 연결되던 쪽은 유벤투스로, 피를로의 선임이 실패로 끝난 이상 검증된 감독을 원하는 건 당연한 일이었다. 그리고 레알마드리드 역시 지단의 후임 감독으로 콘테가 거론되고 있었다. 하지만 그들은 콘테가 아니라 각각 알레그리와 안첼로티를 선임했다. 유벤투스는 인테르의 감독을 맡던 시절 아넬리와 충돌이 있었던 것에 신경이 쓰였을 것이고, 레알마드리드는 첼시와 인테르에서 모두 구단과 마찰이 있었던 것을 부담스럽게 여겼다. 그런 상황에서 콘테와 급격하게 연결되고 있던 구단은 바로 잉글랜드의 토트넘이었다. 2020/21 시즌 리그컵 결승을 앞두고 전격적으로 무리뉴를 경질한 토트넘은 다시 한번 명망 높은 감독을 선임해 팀의 중흥기를 이어가고 싶은 욕심이 있었다. 특히 케인이 이적을 원하고 있는 상황에서 콘테 같은 거물급 감독의 부임은 필수적이었다. 토트넘은 콘테와 더불어 단장으로는 파라티치를 영입해서 팀의 체제를 정비하려 했다. 그러나, 콘테는 그동안 레비가 주도했던 이적시장에서의 선례를 볼 때 자신이 원하는 만큼의 보강이 이뤄질지 확신이 없었다. 콘테는 단기간 내에 우승에 도전할 수 있는 선수단이 꾸려지기를 원했으나 토트넘은 그보다는 어린 선수들의 성장도 도모하면서 챔피언스리그 복귀 정도를 원했던 것이다. 이탈리아와 잉글랜드에서 모두 리그 우승을 경험해본 콘테에게는 그 시점에서 토트넘의 제안이 그렇게 매력적이지 않았기에 계약으로 이어지지는 못했다. 토트넘은 콘테와의 계약에 실패한 뒤 포체티노의 복귀에 많은 노력을 기울였으나 끝내 포체티노를 데려올 수는 없었다. 다급해진 토트넘은 파라티치를 앞세워 폰세카, 가투소 등 여러 세리에 출신 감독들과 접촉했으나 모두 합의에 이르지 못했고, 많은 우려 속에 울버햄튼의 감독이었던 누누 산투를 새로운 감독으로 임명했다. 토트넘과의 협상이 결렬된 이후 각국의 리그가 개막할 때까지 콘테는 그 어느 팀과도 계약을 맺지 않았다. 프리미어리그가 개막한 뒤 아스널, 뉴캐슬, 맨유 등 당시 불안한 출발을 하던 팀들과 연결되기도 했지만, 구체적인 협상까지 이어지지는 않았다. 그렇게 콘테는 짧은 휴식기를 가지며 다음 스텝을 준비했다.

CHAPTER 6

콘테가
토트넘에
간다고?
토트넘에
콘테가
온다고?

2021-?

불과 몇 달 전, 토트넘의 제안을 거절했던 콘테는 레비 회장의 결단과 의지가 느껴지는 추가 제안을 재차 거부하지는 않았다.
누누 산투 체제 하에서 위기에 빠져 하강하던 토트넘의 새로운 선장 역할을 맡게 된 것이다.
축구팬들은 물론 전문가들까지 놀라게 만든 선택이었다. 콘테가 토트넘에 간다고? 토트넘에 콘테가 온다고?
전 세계의 축구팬들은 반신반의하는 마음으로 이 뉴스에 대해 이야기를 주고받았다. 믿기 어려운 소식이었다.

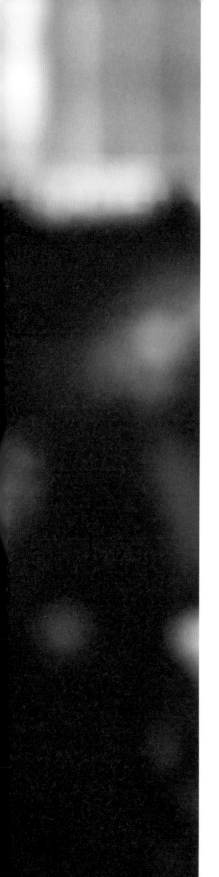

01

토트넘 소방수로
나타난 콘테

2021/22시즌

프리미어리그가 개막한 뒤 리그 첫 3경기를 승리하면서 토트넘의 선택은 옳은
것처럼 보였다. 토트넘은 3연승을 거두면서 시즌 극초반이긴 하나 선두권에
올랐고, 누누 감독은 8월의 감독상을 받았다. 그러나 내용을 들여다보면 그렇게
긍정적인 것은 아니었다. 맨시티와의 경기에서는 누누 감독 특유의 수비적인
스타일이 잘 통하면서 손흥민의 득점으로 1-0 승리를 거뒀다. 이건 두 팀의
전력차가 크기 때문에 충분히 이해할 만한 경기전략이라고 볼 수 있다.
하지만, 그 뒤 울버햄튼과의 경기나 왓포드와의 경기는 결코 긍정적으로 볼만한
내용이 아니었다. 울버햄튼과의 경기에서는 알리의 PK 골을 제외하면 거의
일방적으로 주도권을 내준 채 수많은 실점 위기를 맞았다. 요리스의 선방이
없었다면 패배해도 이상하지 않을 경기였다. 3라운드 왓포드와의 경기는
승격팀과의 경기였음에도 후반에 많은 기회를 내주면서 역시 손흥민의 득점으로
아슬아슬한 승리를 거뒀다. 누누의 토트넘은 포메이션만 4-3-3이지 이 시스템의
공격적 장점은 별로 찾아볼 수 없었다. 오직 손흥민의 활약만이 팀을 지탱했을 뿐
케인을 비롯한 공격수들은 대부분 부진했다. 더구나 강팀과 약팀을 가리지 않고
상대에게 많은 소유권을 내주면서 대부분 수세적인 입장으로 경기를 치렀다.
토트넘에게는 두 갈래의 길이 있었다. 경기력이 결과를 따라 가거나, 결과가
경기력을 따라 가거나.
불행하게도 그 뒤 토트넘의 경기력은 나아지지 않았고 결과가 경기력을 따라갔다.

A매치 주간 직후에 열려 손흥민이 나올 수 없었던 4라운드 크리스털팰리스와의 경기에서 토트넘은 3-0의 완패를 당했다. 토트넘은 전반에 단 하나의 슈팅도 기록하지 못했으며, 후반에 탕강가가 경고누적으로 퇴장당하자 간신히 지탱하던 수비가 무너지면서 내리 3골을 내주었다. 이 경기 하나만 놓고 보자면 손흥민의 결장, 다이어의 전반 부상, 탕강가의 퇴장 등 패배의 변명거리가 없는 것은 아니었으나 이 경기 이전에도, 이 경기 이후에도 누누의 토트넘은 늘 비슷하게 답답한 경기력이었다. 토트넘은 이어서 첼시에게도 아스널에게도 3골을 내주며 패했다. 3경기에서 9실점. 북런던 더비에서 손흥민이 넣은 1골이 유일한 득점이었다. 아스널과의 경기에서 패한 이후 토트넘은 유로파컨퍼런스리그에서 무라를 상대로 5골을 넣으면서 잠시 회복했다. 그리고 빌라와 뉴캐슬에게 연달아 승리를 거두면서 리그 연패는 벗어났다. 하지만, 뉴캐슬과의 경기에서 누누 감독은 단 1명의 교체도 하지 않는 이상한 운용으로 비판을 자초했다. 토트넘은 전반 초반에 이른 실점을 했지만, 은돔벨레, 케인, 손흥민이 각각 1골씩 넣으면서 3-1로 역전에 성공한 상황이었다. 하지만 누누는 후반에도 이들을

그대로 다 뛰게 했고, 심지어 뉴캐슬의 존 조 셸비가 퇴장해 수적으로 유리한 상황에서도 오히려 한 골을 내주면서 간신히 승리했다. 누누는 주전들이 리그에서 함께 뛰는 시간을 오래 두어 조직력을 끌어 올리겠다는 생각이었겠지만, 많은 대회를 병행해야 하는 토트넘의 일정상 주전들의 체력관리는 반드시 필요한 일이었다. 또 주전과 비주전과의 격차가 큰 토트넘은 비주전들의 성장도 함께 고려해야 하는 일이었다. 하지만 누누는 자신만의 고집으로 선수 교체 없이 뉴캐슬 전을 치렀고, 그 결과 피테서와의 유로파컨퍼런스리그에서는 비주전만을 기용해 1-0으로 패하고 말았다. 그리고 이어진 리그에서도 웨스트햄의 강력한 수비를 뚫어내지 못하고 다시 1-0으로 패배했다. 누누의 완전한 오판이었고, 착각이었다. 누누는 토트넘을 이끌어갈 만한 감독이 아니었다. 이제 누누의 경질은 시간문제였다.

사람들이 '경질 더비'라고 부르던 맨유와의 홈 경기에서 토트넘은 3-0으로 완패했다. 당시 솔샤르 역시 맨유에서 좋지 못한 성적을 거두고 있었기에 이 경기에서 패하는 쪽의 감독은 경질될 것이 유력했다. 재미있는 것은 이 두 팀의

감독 후보로 모두 콘테가 거론되고 있었다는 점이다. 맨유와의 경기를 마지막으로 누누는 토트넘의 감독에서 해임되고 마침내 콘테가 새로운 토트넘의 감독으로 부임했다.

"우승에 도전하겠다는 야망을 가진 토트넘에서 감독을 다시 시작하게 되어 매우 기쁘다. 토트넘은 최첨단 훈련시설과 최고의 경기장을 보유하고 있다. 선수로서, 그리고 감독으로 내가 가장 중요하게 생각하는 열정, 정신력, 결단력을 팀과 팬들에게 전하기 위해서 빨리 일을 시작하고 싶다. 이번 여름에 인테르를 떠난 후 아직 감독에 복귀할 때가 아니라고 생각했다. 그러나 내게 감독을 맡기려는 레비 회장의 결단에 이끌렸다. 도전할 기회가 주어졌으니 받아들이기로 결정했다."

계약기간은 2023년 6월까지로 연장옵션이 있긴 했지만, 비교적 짧은 기간의 계약이었다. 콘테는 과거에도 바리나 아탈란타에서 중도 부임 경험이 있긴 하지만, 그때는 이제 막 감독으로서 인정받기 시작할 무렵이었다. 지금의 콘테는

이미 수차례 우승을 경험하여 감독으로 세계 최고 수준의 연봉을 받고 있고, 토트넘 역시 '빅6'로 불리면서 기대치가 높은 팀이기에 시즌 중에 이런 팀을 맡는 것은 확실히 부담스러운 일이다. 지난 여름에 거절했던 팀을 맡게 된 것은 결국 토트넘이 콘테가 원하는 조건들을 대부분 수용했기 때문이었다. 토트넘은 콘테가 원하는 코칭스태프와 그들의 연봉, 그리고 이적시장에서 비교적 많은 권한 등을 약속했다. 콘테가 있는 동안 우승에 도전하는 팀이 되기 위한 프로젝트를 시작한 것이다.

정식으로 부임한 지 이틀만에 치러진 피테서와의 홈 경기는 그야말로 '엔터테이닝'한 경기였다. 전반 30분만에 손흥민의 골을 비롯해서 3골을 넣으면서 앞서 갔으나, 그 뒤 수비진들이 실수를 연발하면서 2골을 실점했다. 후반에는 더 이상의 득점이 나오지는 않았지만, 로메로를 비롯해 양팀 모두 3명의 선수가 퇴장당하는 일이 벌어졌고, 막판에는 관중 난입까지 나왔다. 그래도 중요한 것은 어쨌든 토트넘이 부진을 털어내고 승리를 거뒀다는 점이었다. 그 뒤 토트넘은 콘테와 함께 무서운 상승세를 이어갔다.

콘테의 부임효과는 확실했다. 누누가 팀을 이끄는 동안

일관되게 저조했던 경기력은 콘테의 부임 이후 승부처에서 강한 모습을 보이면서 좀처럼 지지 않는 팀으로 바뀌었다. 콘테의 토트넘은 12월까지 유로파컨퍼런스리그에서 무라에게 단 한 번 패했을 뿐 11경기동안 7승 3무 1패라는 좋은 성적을 거뒀다. 이 기간 동안 누누 시절 완패했던 크리스털팰리스에게 3-0으로 리벤지 승리를 거뒀고, 리버풀과의 경기도 2-1로 역전당한 상황을 딛고 일어나 2-2 무승부를 만들었다. 누누가 팀을 이끌 때 9위에 불과했던 토트넘에게 챔피언스리그 진출은 너무도 멀게만 느껴졌다. 그러나 콘테 부임 이후 토트넘은 착실하게 승점을 쌓아 4위권과의 격차를 줄여가고 있었다. 어떻게 콘테의 토트넘은 단기간 내에 이렇게 달라질 수 있었을까? 콘테는 부임 이후 선수들의 식단관리를 위해 케첩, 마요네즈, 버터 등이 들어간 음식을 철저히 제외했고, A매치 주간에 대표팀에 차출되지 않은 선수들을 소집해 하루에 두 차례씩 강도 높은 훈련을 했다. 대표팀에 선발되어 A매치를 치르러 출국한 선수들에게조차 따로 개인훈련 미션을 주는 등 강력하게 선수단을 통제했다. 누누 감독 시절 꾸준하게 저조했던 경기력, 좀처럼 폼이 회복이 안되는 선수들 등의 문제를 해결하기 위해서 콘테는 마치 프리시즌처럼 팀을 통제하고 지휘했다. 토트넘에 있는 선수들은 대부분 나름대로의 잠재력을 인정받고 있었기에 이런 방식을 통해 빠르게 선수들의 능력을 이끌어낼 수 있었다.

대표적으로 환골탈태한 선수가 바로 벤 데이비스였다. 2014년 토트넘에 입단한 벤 데이비스는 포체티노 감독이 팀을 떠난 이후로는 더 이상 풀백으로 가치가 없는 것처럼 보였다. 프리미어리그는 전 세계에서 가장 우수한 풀백들이 각축전을 벌이는 곳이었기에 속도가 빠르지 않은 벤 데이비스는 나름의 킥력에도 불구하고 우수한 풀백으로 인정받지 못했다. 그래서 토트넘은 세세뇽과 레길론으로 벤 데이비스를 대체하려 했었다. 하지만, 콘테는 벤 데이비스의 왼발을 활용한 빌드업 능력에 주목하고 그를 백3의 좌측 수비수로 세웠다. 벤 데이비스는 본래 풀백이었기에 오버래핑의 타이밍을 잘 파악하고 있었고 콘테는 스킵이나 호이비에르 같은 미드필더들, 심지어는 손흥민까지도 활용해 벤 데이비스가 전진했을 때의 공간을 커버하도록 전술적 보완책을 마련했다. 그러자 토트넘의 좌측 공격은 많은 상황에서 수적우세를 확보해서 전개를 할 수 있었다.

또 다이어 역시 콘테 감독 아래서 수비적으로 중요한 선수로 떠올랐다. 누누 감독 시절 다이어는 다빈손 산체스와 크게 시너지 효과를 보이지는 못했지만, 콘테 아래서는 백3의 중앙을 맡으면서 특유의 위치선정과 롱패스 능력을 활용해 후방 빌드업의 중요한 몫을 담당했다. 수비적인 지표가 상승한 것도 물론이었다. 벤 데이비스와 다이어 등 수비진이 발전한 것은 토트넘에게 매우 중요했다. 로메로가 자주 부상을 당해 아쉬움이 있었지만, 버티는 힘이 생기면서 선수단 전체에 긍정적인 분위기가 돌았다. 콘테는 경기 내내 무표정으로 일관했던 누누와 다르게 경기 내내 열성적으로 선수들을 독려하고 골이 들어가면 누구보다도 기뻐했다. 팀은 지고 있어도 끈기를 가지고 끝까지 해보겠다는 투지를 보였다. 순연된 17라운드 레스터와의 경기는 바로 그런 토트넘의 끈기를 보여준 경기였다. 토트넘은 76분에 제임스 매디슨에게 골을 내주면서 2-1로 끌려가고 있었다. 그러자 콘테는 좌측 윙백인 레길론을 빼고 공격수인 베르흐베인을 투입했다. 콘테 체제에서도 베르흐베인은 그렇게 중용되던 선수가 아니었기에 모두가 의아해했지만, 베르흐베인은 추가시간에만 2골을 넣는 기적을 연출하면서 토트넘을 승리로 이끌었다.

레스터와의 경기는 기적같이 승리했지만, 해가 바뀐 후 토트넘의 상승세는 서서히 꺾이기 시작했다. 1월에 토트넘은 첼시에게만 3패를 당하며 선수단의 한계를 절감했다. 리그컵 2경기와 23라운드 리그 경기에서 토트넘은 첼시에게 단 1골도 넣지 못하고 모두 완패했다. 첼시에게 패한 것이 콘테 부임 이후 리그에서의 첫 번째 패배였는데, 콘테는 리그컵에서의 패배를 설욕하기 위해 나름 첼시에게 맞춤전술로 4-4-2 형태를 들고 나왔지만, 후반을 버티지 못하고 2골을 내주면서 패배했다. 주 득점원인 손흥민이 햄스트링 부상으로 나오지 못한 것과 그때까지 해답을 찾지 못한 우측 자원들의 활용이 문제의 원인이었다. 토트넘은 겨울 이적시장에서 보강이 필요했다. 아다마 트라오레나 루이스 디아스 같은 윙어들이 강력하게 연결되었지만, 이들은 각각 바르셀로나와 리버풀을 선택했다. 그래도 토트넘은 유벤투스로부터 벤탄쿠르와 클루셉스키를 임대해 콘테가 더 많은 선택지를 가질 수 있게 했다.

02

어떻게든
결과를 가져오는
승부사 콘테

새로운 선수들이 영입되었지만, 토트넘은 첼시에게 패한 이후 리그에서
사우샘프턴과 울버햄튼에게 연달아 패하면서 3연패에 빠졌다. 바로 다음 경기가
압도적인 성적으로 선두를 질주하고 있던 맨시티였기에 위기감은 증폭되었다.
이 시점에서 토트넘의 순위는 8위였지만, 4위권과의 승점차가 얼마 나지
않았기에 포기하기에는 이른 때였다.

"과거에 나는 우승할 수 있는 확률이 1%라도 있다면 그것을 해내야 한다고
말했다. 좀 낯선 상황이긴 하지만, 지금 우리의 목표는 4위로 시즌을 끝내는
것이다. 그 가능성이 1%라도 남아 있다면 우리는 해낼 수 있다고 믿는다."

이 인터뷰가 효과가 있었던 것일까? 대부분의 사람들이 열세로 점쳤던 맨시티와의
원정경기에서 콘테와 토트넘은 승리했다. 손흥민은 2개의 도움을 기록했고,
클루셉스키는 선제골을, 케인은 2골을 넣으면서 공격진들이 모두 뛰어난 활약을
펼쳤다. 토트넘은 후반 추가시간에 로메로의 핸드볼 파울로 PK를 내주면서
다 잡은 승리를 놓치는 듯 보였지만, 그 직후 케인의 극적인 헤더 득점으로 결국
승리했다. 지금껏 토트넘은 과르디올라가 부임한 이후 맨시티와의 원정경기에서
승리를 거둔 적이 없었다. 포체티노 감독 시절 18/19 시즌 챔피언스리그 8강에서
혈투를 벌일 때도 원정에서는 4-3으로 패배했다. 콘테는 과르디올라의 맨시티를

원정에서 이긴 최초의 토트넘 감독이 됐다. 그러고 보면 콘테는 과르디올라에게 꽤 강한 편이었다. 과르디올라가 맨시티에 부임한 이후 처음으로 홈에서 패배한 상대도 콘테가 이끌던 첼시였다.

승리는 달콤했지만, 토트넘의 위기는 끝나지 않았다. 맨시티와의 경기 이후 순연된 13라운드 경기에서 번리에게 1-0으로 패하면서 토트넘은 좀처럼 상승 분위기를 이어가지 못했다. 이 시기에 강등권 팀들이 높은 동기부여로 종종 상위권 팀들을 괴롭히는 경우가 있지만, 4위 안에 들어가기 위해서는 이런 경기에서 반드시 승점 3점을 얻어야 했다. 게다가 콘테는 이 패배 이후 특유의 화법으로 직설적인 인터뷰를 통해 실망감을 표출했다.

"지난 5경기 동안 패배만 4번이었다. 누구도 이런 상황에 있어서는 안 되지만, 이게 현실이다. 토트넘의 상황을 개선하기 위해서 여기에 왔는데 바꾸기가 어려운 것 같다. 모두가 다 열심히 하고 있어서 더욱 실망스럽다. 책임을 피하지는 않겠다. 내게 책임이 있다면 질 것이고, 나는 모든 것에 열려 있다. 팀과 나의 미래에 대한 평가가 필요하다. 5경기에서 4패를 한 것은 팬들에게 너무 미안한 일이다. 선수들은 항상 같지만 이 클럽은 감독을 바꾼다. 그럼에도 결과는 변하지 않는다. 나는 이런 상황을 돌려 말하지 않겠다."

첼시와 인테르 시절에 보였던 콘테의 태도가 다시 한번 토트넘에서 나타났다. 토트넘의 팬들은 우려할 수밖에 없었고, 콘테는 당장이라도 토트넘을 떠날 사람처럼 보였다. 그러나 레비 회장과의 면담 이후 사태는 곧바로 진정됐다.

"나는 토트넘에 헌신하고 있고, 레비는 내가 클럽을 돕기 위해서 여기에 왔다는 것을 알고 있다. 나는 마지막 순간까지 토트넘을 도울 것이다."

리즈와의 경기에서 모처럼 4-0의 대승을 거둔 후 미들즈브러와의 FA컵을 앞두고 한 인터뷰에서도 콘테는 자신의 발언이 팀을 다시 뭉치게 만들기 위한 선택이었다고 말했다.

과거 첼시와 인테르 시절의 인터뷰마저도 전략으로 미화하면서 콘테는 사태를 잘 수습했다. 하지만, 정작

감정적인 부분만 보지 말고 전략적인 부분이 있는지 이해해야 한다. 설명하자면, 우리가 인터뷰를 할 때마다 감정에 집중하기보다는 전략적인 발언을 한다. 3일전 맨시티와의 경기에서 승리한 뒤 5경기에서 4패를 당했을 때, 나 자신과 구단, 그리고 선수들에게 올바른 메시지를 전달하기 위해 적절한 순간이라고 생각했다. 우리는 축구를 즐길 수 있어야 하지만, 동시에 우리 스스로를 발전시키기 위해서, 우리의 목표를 위해 100%의 헌신이 필요하다. 토트넘과 같은 팀은 5경기에서 4패를 해서는 안 된다는 것을 강조하기 위해 한 말이었다. 만약 누군가 내 말이 감정적으로 나왔다고 이해한다면 그건 틀렸다. 당시 나는 우리가 더 잘할 수 있다고 봤기 때문에 구단의 전체 환경에 특정한 메시지를 보내고 싶었다. 과거에도 나는 팀을 한 방향으로 밀어붙이고 싶었을 때 전략적으로 말한 적이 있다.

미들즈브러와의 FA컵 경기는 연장까지 가서 1-0으로 패하면서 탈락하고 말았다. 이후 맨유전까지 팀은 기복을 보이면서 승리와 패배가 반복됐다. 에버턴과의 경기에서는 공격진이 골고루 활약하면서 5-0의 대승을 거뒀지만, 맨유와의 경기에서는 호날두의 해트트릭에 당하면서 3-2로 패배했다. 그래도 이 즈음에는 케인이 완전히 살아났다는 것이 고무적이었다.

그리고 하나 더 기대해볼 만한 것은 FA컵 탈락으로 이제는 리그에만 집중할 수 있게 된 상황 그 자체였다. 콘테는 이런 상황에서 늘 무척 강한 모습을 보였다. 토트넘의 순위는 여전히 8위에 머물러 있었지만, 4위권과의 승점차는 2월과 큰 차이가 없었다. 우승경쟁은 맨시티와 리버풀의 구도로 압축됐고, 첼시는 우승은 힘들어 보였지만 4위권과도

이미 스킵이 부상으로 빠지면서 미드필드에 슬슬 과부하가 걸리기 시작한 토트넘이었기에 도허티의 부상은 가볍게 넘길 수 없었다.

우려한 대로 브라이턴, 브렌트포드와의 경기는 졸전 끝에 승점 1점을 추가하는 데 그치고 말았다. 4연승을 시작할 때 만났던 브라이턴과 다시 만난 경기에서 콘테는 포터와의 지략대결에서 완전히 패배했다. 브렌트포드도 브라이턴과 거의 유사한 포메이션과 전략으로 토트넘에게 실점하지 않았다. 이 두 팀은 공통적으로 손흥민과 케인이 연결되는 것을 잘 막아냈고, 측면을 내주더라도 중앙에서는 촘촘하게 수비를 세워 토트넘이 제대로 된 슈팅을 하는 것을 방해했다. 토트넘은 다시 아스널에게 4위 자리를 내주고 말았다. 그나마 다행인 것은 경쟁자였던 맨유와 웨스트햄, 그리고 울버햄튼까지 동시에 부진을 겪으면서 이제 4위 싸움은 아스널과 토트넘의 양자구도로 흐르고 있다는 점이었다.

36라운드 리버풀과의 경기에서 1-1로 비긴 토트넘은 이제 아스널과 승점 4점차의 5위였다. 바로 다음 라운드가 아스널과의 북런던 더비였지만, 이 경기에서 이긴다고 하더라도 아스널에게 바로 4위 자리를 되찾아올 수는 없었다. 이 때 아스널은 주춤했던 토트넘과는 반대로 첼시와 맨유, 웨스트햄을 상대로 모두 이기면서 4연승을 달리고 있었다. 더구나 해프닝에 가깝긴 했지만, 콘테의 PSG행 루머는 시기적으로도 좋지 못했다. 콘테는 인터뷰를 통해 터무니없는 루머라고 반박했지만, 누군가는 또 콘테가 토트넘을 압박하기 위해 이런 루머를 이용하고 있다는 말을 하기도 했다. 누가 보더라도 아스널이 더 유리해 보이는 맞대결이었다.

이제 와 생각해봐도, 챔피언스리그 진출권이 걸려있던 그 중요한 경기에서 아르테타의 선택은 다소 무모하게 느껴진다. 아스널은 토트넘을 상대로 라인을 한껏 끌어올린 공격적인 4-3-3으로 경기에 임했던 것이다. 콘테는 유벤투스에서 우승을 한 뒤로 지금까지 공격적인 팀을 상대로는 아주 강한 모습을 보인 감독이다. 이 시즌에 3연패를 당하던 그 위기의 순간에도 맨시티를 잡은 것이 결코 우연이 아니다. 콘테의 팀은 내려앉아 끈기 있게 버티는 데 능하고, 더구나 토트넘에는 공간이 생기면 그곳을 집요하게 파고들어 높은 결정력을 보이는 손흥민이 있었다. 물론, 아르테타 감독도 손흥민에 대한 위험성을 충분히 인지하고 있었기에 홀딩에게 적극적인 수비를 지시했을

넉넉하게 격차를 벌려 놓은 상황이었다. 4위 경쟁은 아스널, 맨유, 웨스트햄, 울버햄튼, 토트넘까지 모두 5개 팀이 도전하고 있었다.

한바탕 소동이 끝나고, 전선이 좁혀지며, 목표가 뚜렷해지자 토트넘은 다시 상승세를 타기 시작했다. 맨유전 이후 4연승을 거두면서 4월이 되자 4위에 올라섰다. 경쟁자들이 주춤하기도 했지만, 이 4연승 기간 동안 손흥민의 득점력이 폭발하면서 매 경기 대승을 거뒀다. 손흥민은 이 기간 빌라전 해트트릭을 포함해 4경기에서 6골을 득점했다. 그러나 4연승의 마지막 빌라와의 경기에서 도허티가 부상으로 빠진 것은 악재였다. 토트넘의 가장 골칫거리였던 측면 문제를 도허티가 좌우를 가리지 않고 활약하면서 상당부분 해결해줬기 때문에 팀은 상승세를 탈 수 있었다.

것이다. 홀딩이 너무 심하게 적극적으로 수비해서
문제였지만. 전반 33분 홀딩이 두 번째 경고를 받으면서
퇴장당하고, 케인의 두 번째 골이 터진 순간 아스널이
경기를 이길 방법은 없었다. 손흥민은 후반에 팀의 세 번째
골을 넣으면서 토트넘은 3–0의 완승을 거뒀다. 절체절명의
순간에 콘테의 지도력은 다시 빛을 발했다. 이어 37라운드
번리전에서 1–0으로 승리하면서 토트넘은 아스널을
압박해갔다. 하루 뒤 벌어진 37라운드에서 아스널은
뉴캐슬에게 패배하면서 4위 자리에서 내려왔다.
이제 토트넘은 마지막 라운드 노리치와의 경기에서
비기기만 하더라도 득실차로 인해 4위 자리를 지켜낼 수
있었다. 방심은 금물이지만 노리치는 이미 강등이 확정된
팀이기에 동기부여 측면에서는 토트넘과 비교할 수가
없었다. 전반에 클루셉스키와 케인의 골로 두 골을 앞선
토트넘은 이미 승리를 확신하고 있었다. 그러나 이 경기
에서는 또 하나의 과제가 있었는데, 그건 손흥민의 득점왕
도전이었다. 37라운드까지 리버풀의 살라가 22골, 손흥민이
21골로 두 선수는 치열하게 득점왕 경쟁을 하고 있었다.
리버풀도 마지막 라운드 결과에 따라서는 우승이 가능했기
때문에 살라의 득점이 나올 가능성이 높았다.
후반이 시작하기 전 콘테는 가능하면 손흥민을 도와주라는
지시를 내렸고, 선수들은 자기 일처럼 나서서 손흥민의
득점을 위해 노력했다. 클루셉스키는 빈 골대에도 슛을 하지
않고 손흥민에게 주려는 모습을 보일 정도였다. 손흥민은
손흥민대로 생애 첫 득점왕에 도전하기 때문인지 평소와
달리 긴장한 모습이 역력했다. 좋은 기회에도 마음먹은 대로
슛이 잘 되지 않는 듯 보이면서 시간은 점점 흘러가고
있었다. 64분에 클루셉스키의 골까지 터지면서 3–0. 이제
토트넘의 승리는 확정적이었다. 그러자 콘테는 클루셉스키를
빼고 루카스 모우라를 투입하는데 이게 손흥민에게는 정말
큰 도움이 되었다.
루카스 모우라는 들어가자마자 손흥민에게 높이 띄운
패스를 넣어주면서 골키퍼와의 일대일 상황을 만들었다.
이 슛은 크룰 골키퍼의 선방에 막혀 득점이 되지 않았지만,
얼마 지나지 않아 박스 근처에서 환상적인 원터치 패스로
손흥민에게 기회를 만들어줬고, 이번에는 손흥민도 놓치지
않았다. 팀의 네 번째 골이자 손흥민의 시즌 22번째
골이었다. 긴장이 풀린 손흥민은 5분 뒤에 자신의
전매특허인 오른발 감아차기 슛으로 23번째 골을 넣었다.
이번에도 루카스 모우라의 프리킥이 시발점이었다. 콘테는

마치 자기 일처럼 좋아하면서 왼손은 2개의 손가락을,
오른손은 3개의 손가락을 펴보이면서 즐거워했다.
이 시점까지 살라가 득점을 하지 못하고 있었기에 손흥민은
23골로 단독 득점왕이 될 수 있는 위치까지 올라섰다.
하지만 리버풀–울버햄튼과의 경기에서 84분 살라가 끝내
득점에 성공하면서 두 선수는 공동 득점왕을 차지했다.
그러나 공동이건 아니건 그건 중요하지 않았다. 토트넘은
4위를 차지하며 챔피언스리그 진출에 성공했고, 손흥민도
득점왕에 올랐다. 콘테에게는 환상적인 시즌 마무리였다.

"자랑스럽다. 너무나 힘들었고 11월에는 이런 일을
상상하기 어려웠다. 리그 내 강팀들이 챔피언스리그
진출권을 얻으려고 다 최선을 다하는 상황이었다. 11월에
처음 부임했을 때는 힘들었다. 그러니 4위로 끝났다는 게

꿈만 같고 믿어지지 않는다. 오늘 클린시트로 끝났고, 이번 시즌 16개의 클린시트를 기록했으니 우리 팀이 안정적이 됐다는 증거인 것 같다. 나는 항상 강한 팀은 안정적이어야 한다고 말했다. 기복이 심하면 안 된다. 그런 면에서 우리 선수들이 많이 발전했고 선수들에게 고맙다고 말하고 싶다. 선수들이 꼭 성장하기를 바랐기 때문이다.

모든 감독들에게 전략이 있지만, 선수들이 열심히 해주고 따라줘야 한다. 그래야만 성공을 할 수 있고, 우리 선수들과 나머지 코치들이 너무나 잘해줬다. 우리 팀의 사람들에게도 너무 감사한다. 이런 영예를 얻기 위해 모두가 희생하고 열심히 했기 때문에 이런 결과를 얻을 수 있었다고 생각한다."

콘테의 말대로 11월 누구가 해임된 시점에서 토트넘이 4위를 차지할 거라고 예상하는 건 어려운 일이었다. 당시의 토트넘은 매우 무기력한 팀이었고, 팀의 에이스인 케인마저도 부진한 상황이었다. 백4에서 백3로 팀의 시스템을 바꾸는 것도 팀의 일관성이라는 측면에서는 좋을 리 없었다. 그런 악조건과 기복이 있는 상황에서도 콘테는 팀을 챔피언스리그에 진출시켰다. 그것도 득점왕 배출과 함께. 유벤투스 시절 이후 콘테는 가는 곳마다 우승을 차지한 우승 청부사였다. 토트넘에 중도 부임해 4위를 차지한 것은 어찌 보면 우승한 것만큼이나 중요한 성과이다. 콘테는 포체티노 감독 이후 오랫동안 불안했던 토트넘의 수비를 안정화시키면서 팀의 체질을 개선했고, 겨울에 영입한 선수들을 활용해서 팀의 반등을 이끌어냈다. 토트넘은 이제야 다시 우승을 꿈꿀 만한 팀으로 바뀌고 있다.

IN MEMORIAM   HER MAJESTY QUEEN ELIZAB

그리고 2022/23시즌…

겨울에 열리는 월드컵의 영향으로 프리미어리그가 8월초에
개막하는 것으로 결정되면서 각 팀의 이적시장은 더욱
바빠졌다. 토트넘도 21/22 시즌 인테르에서 좋은 활약을
펼친 이반 페리시치를 자유계약으로 영입하면서 이적시장을
시작했다. 콘테와는 이미 인테르에서 함께 한 적이 있어
기대도 됐지만, 한편으로 콘테가 감독을 맡았던 시기
페리시치는 부진한 편이었기에 우려가 없는 것도 아니었다.
토트넘은 이어 비수마와 히샬리송까지 빠르게 영입하면서

차곡차곡 전력을 보강해 갔다. 단장인 파라티치는 콘테의
의견을 충분히 반영하면서 이적시장에서 뛰어난 수완을
발휘했다. 7월에는 바르셀로나로부터 랑글레를 임대하면서
왼발 센터백도 갖추게 됐다.
2022/23 시즌을 맞는 토트넘의 목표는 명확했다. 다시
한번 4위 안에 들어 챔피언스리그에 진출하고, 우승에
도전하는 것이다. 리그 우승과는 아직 거리가 있어도, 지난
시즌 강팀들과의 대결에서 보여준 모습이라면 리그컵이나
FA컵에서 기대 이상의 성과를 거둘 수도 있을 것이다.

토트넘이 마지막으로 우승컵을 들어올렸던 건, 무려 14년
전인 2008년 리그컵이었다.

토트넘에서의 2년차이자 프리시즌부터 온전하게 팀을 맡게
된 콘테는 이제부터 거대한 기대감과 맞서야 한다.
챔피언스리그 진출에 성공하긴 했지만, 그동안 챔피언스리그
에서 보여준 결과는 아주 좋다고 보기는 어렵기에
토트넘에서 다시 한번 시험대에 오를 것이다. 리그 4위를
지키는 일도 경쟁 팀들의 전력강화를 고려하면 결코 쉬운
일은 아니다. 그러나 콘테가 선수 시절부터 지금까지

보여준 열정과 도전 정신은 결과와 상관없이 한결같을
것이다. 그 열정이 때로는 지나쳐 누군가를 속상하게 만드는
일도 있을 수 있다. 그래도 이것 하나만큼은 확실하게 말할
수 있다. 그는 누구보다도 승리를 갈망하는 사람이고, 결국
이기는 방법을 찾아내는 사람이라고. 태양 가득한 작은 도시
레체에서 크고 화려한 도시 런던까지 콘테는 가는 곳마다
의미 있는 발걸음을 남겼고, 앞으로도 마찬가지일 것이다.

콘테의 손흥민 활용법

중요한 선수는 세 가지 능력을 갖춰야 한다고 항상 말해왔다.
강하고, 인내심이 있으며, 빠르게 반응할 수 있어야 한다.
손흥민은 이 모두를 갖추고 있는 선수다.

콘테가 토트넘에 부임한 지 얼마 안 됐을 때 손흥민을 두고 했던 말이다. 당시 손흥민은 감독 교체 시기에 좀처럼 득점을 하지 못하고 있었다. 그리고 이 인터뷰가 공개된 이후 손흥민은 리그에서 4경기 연속 득점에 성공한다. 이때부터 손흥민은 꾸준하게 골을 기록하며 결국 프리미어리그 득점왕까지 차지하게 된다. 처음 콘테가 부임했을 때 손흥민의 움직임은 팀 전체의 밸런스를 위해서 희생하는 부분이 있는 것처럼 보였다. 백4에서 백3로 시스템 자체가 바뀌면서 전체 선수들의 동선과 포지셔닝 자체가 달라져야 했기에 각 선수들의 빠른 적응이 필요했다. 이 부분에서 손흥민은 이전보다 많이 종으로 움직이면서 윙백과 미드필더들 사이에 위치해, 수비적으로 많은 기여를 했다. 아마도 콘테는 그의 전술에서 중요한 윙백들이 조금 더 빨리 자신의 시스템에 적응하도록 전략적으로 이런 주문을 했을 가능성이 높다.

콘테는 케인을 최전방 공격수 자리에 두고 그 아래 손흥민과 루카스 모우라를 세웠는데, 모우라보다는 손흥민을 수비적으로 활용하는 것이 더 낫다고 판단한 것이다. 하지만 당시까지 여전히 케인의 폼이 돌아오지 않은 상황에서 팀내 득점력이 가장 뛰어난 선수를 이런 식으로 사용하는 것은 낭비에 가까웠다. 또한 레길론이 콘테의 기대만큼 활약을 펼치지 못했고, 세세뇽은 부상으로 나오지 못했기에 좌측 윙백을 개선시키는 작업이 더디게 진행됐다. 우측은 우측대로 루카스 모우라와 에메르송 로얄 모두 애매했기에 결국은 손흥민이 더 많은 기회를 잡는 것이 토트넘에게는 이득이었다. 이 점을 깨달은 콘테는 시간이 지날수록 점점 손흥민의 활동반경을 줄이면서 좀 더 공격에 집중하도록 만들었다.

겨울에 클루셉스키와 벤탄쿠르가 영입된 이후, 그리고 도허티가 좌측에서도 좋은 활약을 하게 되면서부터 비로소 콘테가 원하는 그림이 어느정도 나오기 시작했다. 우측의 클루셉스키가 비교적 많은 지역을 움직이면서 상대 수비를 끌어당길수록 반대편의 손흥민에게도 공간이 생겨났다. 겨울이 지나면서부터 케인의 폼도 많이 올라왔기에, 이 세 공격진의 조합은 꽤 위력적이었다. 세 선수는 모두가 슛을 할 수 있는 동시에

**손흥민은
아주아주 뛰어난
선수일 뿐만 아니라
좋은 사람이다
그도 부진하거나
결과가 좋지 못하면
상처받는다
하지만
그는 언제나 팀을
먼저 생각한다**

서로에게 좋은 패스도 줄 수 있는 선수들이었기에 상대팀이 막기 까다로운 조합이었다.

맨유전에서 호날두에게 해트트릭을 내주면서 패배했을 때 손흥민은 끝까지 경기를 뛰었지만, 경기력은 좋지 못했다. 이에 대해서 많은 언론의 비판이 있었고, 콘테는 위와 같은 인터뷰로 손흥민을 보호했다. 얼마 지나지 않아 웨스트햄과의 경기에서 손흥민은 2골을 넣었고, 교체되어 나올 때 콘테는 환하게 웃으면서 손흥민과 포옹했다. 애스턴빌라와의 경기에서 해트트릭을 했을 때는 심지어 손흥민에게 볼 키스까지 하면서 찐한 애정(?)을 과시했다.

포체티노부터 무리뉴를 거쳐 콘테까지. 당대의 이름난 명장들이 모두 손흥민을 높게 평가하는 것은 모두 이유가 있다. 손흥민은 사생활과 관련된 이슈가 거의 없는 선수인데다가, 훈련에 열심히 참여하고 감독이 요구하는 지시사항을 충실하게 이행하는 선수이기 때문이다. 그런 선수가 골까지 많이 넣을 수 있으니 어떤 감독이 좋아하지 않을 수 있겠는가? 이번 시즌 손흥민이 득점을 하지 못하는 상황이 지속될 때도 손흥민에 대한 콘테의 믿음은 굳건했다. 2022/23 시즌에도 콘테와 함께하는 손흥민의 활약이 기대된다. 단, 밸런스보다는 손흥민의 장점을 더 많이 고려한 모습이 나오는 시즌이 되었으면 좋겠다.

손흥민은 메일 축구를 즐기고 있다.
몇 경기에서 골을 넣지 못한다고 축구를 덜 즐긴다고 말하는 건 웃긴 소리다.
종종 문제가 없는데 외부에서 문제를 만들려고 하는 걸 본다.
손흥민은 잘하고 있고, 내가 보기에는 좋은 경기를 하고 있다.
계속 그래야 한다.
일단 골을 넣으면 계속 골을 기록할 것이고 그럼 모든 상황이 평소와 같아질 거라 생각한다.
지금 손흥민에 대해서 기자회견에서 따로 이야기해야 된다는 게 좀 놀랍다.

만약 내 딸의 남편감을 찾는다면 나는 손흥민 같은 사람을 찾을 것이다.
손흥민은 언제나 내 축구 계획의 일부분일 것이다.

PRAISES FOR CONTE

콘테는 추진력 그 자체다.
선수 때도 훈련이나 경기에서 늘 모범 예시 같았다.
그는 카리스마 넘치는 리더였고,
항상 적절한 시점에 어떤 말을 정확히 해야 하는지 알고 있었다.
마르첼로 리피

콘테 감독은 나를 모든 면에서 발전시켰다.
덕분에 내가 어떤 선수인지 깨닫게 됐다.
콘테와 함께 첫 훈련을 한 바로 그날 내 선택이 옳았음을 알게 됐고,
100%를 쏟을 수 있었다.
로멜로 루카쿠

'이 사람을 위해서라면 그렇게 할 수 있겠다'라는
생각을 하게 한 감독은 안토니오 콘테가 유일했다.
콘테는 내가 함께 했던 감독 중 최고였고,
나는 그를 보면서 감독이 되어야겠다는 생각을 하기 시작했다.
콘테는 항상 선수들이 최선을 다하게끔 만들고, 승리에 집착하는 사람이다.
패배할 경우에는 거의 악마가 된다.
안드레아 피를로

내가 만난 모든 감독들이 내 커리어 발전에 큰 영향을 미쳤지만,
그 중에서도 최고는 안토니오 콘테였다고 말할 수밖에 없을 것 같다.
한마디로 그는 승리자였다.
드레싱룸의 보스이자, 규율과 규칙을 중시하는 완벽주의자였다.
콘테는 선수들이 경기장 안팎에서 어떻게 행동해야 하는지 엄격한 기준을 갖고 있다.
그러나 그 엄격한 태도는 자신이 보스라는 것을 보여주기 위함이 아니라,
선수들의 집중과 승리를 바라는 의지를 담고 있는 것이다.
그는 축구에 집착하고, 감독이라는 자신의 직업에 집착한다.
실패는 옵션에 없다.
잔루이지 부폰

콘테는 세계 최고의 감독이다.
우리가 원하는 위치에 도달하기 위해서는 콘테 감독을 잘 활용할 필요가 있다.
그가 요구하는 것들을 잘 수행해낸다면,
토트넘은 목표로 한 성과를 달성할 수 있을 것이다.
해리 케인

동료 감독으로서 콘테에 대한 내 생각은 그가 정말 훌륭하고,
어쩌면 최고의 감독일지도 모르겠다는 것이다.
그는 이탈리아의 수비적인 축구 문화 속에서도 이탈리아 대표팀과
유벤투스가 아름다운 축구를 할 수 있도록 만들어낼 수 있었다.
나는 콘테의 팀을 보면서 많은 것을 배운다.
그는 정말 뛰어난 감독이다.
펩 과르디올라

EPILOGUE

콘테는 무엇을 남기고 떠날까?

Cosa lascerà Conte?

2022년 7월, 서울에서 일주일간의 프리시즌 일정을 마친 토트넘은 런던으로 돌아갔다. 콘테와 토트넘은 방한 기간 동안 아주 프로페셔널한 모습을 보였고, 한국 팬들에게 깊은 인상을 남겼다. 국내 팬들은 콘테의 얼굴을 가면으로 만든 응원도구를 경기장에 가져왔고, 콘테는 그 모습을 보면서 즐겁게 웃었다. 이 장면이 인상적이었는지 콘테는 자신의 SNS에 게시하면서 한국 팬들에게 깊은 감사를 표했다.

내가 직접 참여하지는 못했지만, 운이 좋게도 나와 가까운 류청 히든K 편집장은 콘테와 단독 인터뷰를 할 기회를 얻었다. 류청 편집장 말에 따르면 콘테는 인터뷰 직전까지도 K리그 팀과 벌인 경기에서의 실점을 두고 선수들에게 큰 소리를 내면서 팀미팅을 진행했다고 한다. 확실히 콘테는 콘테다. 이 인터뷰에서 내가 인상깊게 본 부분은 콘테가 늘 강조하는 열정과 관련된 부분이었다. 히든K와 콘테가 서울에서 함께한 인터뷰 중 일부 문답을 옮겨 정리하는 것이 『안토니오 콘테 – 선수 8』의 에필로그로 매우 적절한 텍스트가 될 것 같다.

손흥민은 "콘테 감독은 절대 자리에 앉지 않는다"라고 말했다. 그리고 기진맥진한 상태에서도 콘테 감독이 사이드 라인에서 뛰어다니는 걸 보면 동기부여가 된다고 밝히기도 했다. 한국 팬 사이에서는 '콘테 감독이 손흥민보다 더 뛴다' 라는 우스갯소리도 나온다. 어떻게 생각하는가?

경기 중 선수들과 함께 하는 것을 선호한다. 이런 이유로 많은 시간을 터치 라인 부근에 머문다. 선수들과 함께 뛰기보다는 도움을 주기 위해서다. 경기 도중에 선수들에게 조언을 하려는 것은 아니다. 힘든 상황에 있는 선수를 보면 그들을 북돋우려고 노력한다. 경기장 안에서 선수들과 소통하는 것은 쉽지 않기에 매 경기가 끝나면 목소리가 쉰다. 내 가장 큰 목표는 매 순간

선수들에게 도움을 주는 것이다. 우리는 함께 승리하고 함께 패배하기 때문이다. 선수들에게 내가 그들 가까이에서 함께하고 있다는 걸 느끼게 하고 싶다.

선수들 옆에서 함께 뛰려면 많은 에너지가 필요할 것 같다. 체력 관리는 어떻게 하나?

맞다. 그런 이유로 개인 트레이닝을 받는다. 선수들과 나는 (소화할 수 있는) 훈련 강도나 체력 수준이 다르기 때문이다. 트레이닝은 정신력을 유지하는 데도 도움이 된다. 운동은 정신을 맑게 만들어 다양한 상황에 대처할 수 있도록 돕는다.

정신적인 부분에 관한 이야기가 나온 김에 묻고 싶다. 안드레아 피를로가 쓴 책을 보면 '콘테는 축구에 미친 사람' 이라는 구절이 나온다. 그 책의 그 부분을 읽었나?

그 말은 사실이다. 긍정적인 방향으로 축구에 미쳤다. 피를로는 나와 함께 일하면서 내 열정을 인정했기 때문에 그렇게 표현했을 것이다. 내 목표는 내 열정을 선수들의 마음과 머리에 전달하는 것이다. 내가 생각하는 좋은 감독의 모습은 선수들의 마음과 머리에 들어가 축구에 대한 열정과 승리에 대한 열정을 각인시키는 것이다.

*

콘테가 감독을 하는 동안 때로는 선수들과 불화를 겪은 일도 있었지만, 대부분의 팀에서 그는 선수들과 좋은 관계를 유지했다. 특히 그의 동기부여 능력은 매우 뛰어난 것으로 정평이 나 있는데, 왜 선수들이 그를 따르는지 이해할 수 있는 대목이었다. 콘테는 감독이 된 지금도 선수들과 함께 플레이한다고 생각하고 있기 때문이다.

개인적인 지도 철학은 무엇인가?

나는 팀을 만드는 것을 최우선으로 본다. 많은 감독이 가장 어려워하는 부분이 바로 '어떻게 팀을 만드느냐'이다. 모든 사람이 한 곳을 바라보는 것이 팀이라고 생각한다. 내가 말하는 '모든 사람'은 정말 모든 사람, 토트넘에서 일하는 모든 사람을 뜻한다. 장비 담당, 그라운드를 관리하는 사람, 팀 닥터… 모두 다를 말한다. 나는 큰 팀을 만들어야 한다고 생각한다. 이런 부분을 해결하면 중요한 목표를 이룰 수 있는 준비가 된 것이라 생각한다. 매우 중요하게 생각한다.

당신이 쓰는 백쓰리 전술은 세계적으로 유명하다. 몇몇 한국 감독은 당신의 백쓰리 전술을 참고하기도 했다. 백쓰리를 원래 선호하는 것인지 아니면 선수단 구성에 맞춰서 전술을 활용하는지 궁금하다.

보통 감독은 선수단에 맞춰 전술을 구상한다. 이것은 매우 중요하다. 앞서 말했듯이 내가 토트넘에 부임했을 때 최고 선수들은 공격진에 있었다. 그래서 나는 그들을 모두 활용하고 그들이 자신의 특성과 잠재력을 활용할 수 있는 최고의 환경을 만들어내야 했다. 이와 동시에 밸런스도 갖춰야 했다. 골을 넣는 것도 중요하지만 실점하지 않는 것도 중요하다. 나는 백포로 감독 커리어를 시작했다. 다수의 시즌에 4-2-4 포메이션을 사용했다. 그리고 나는 유벤투스 부임 전 세리에 B 에서 두 번 승격을 일궜다. 유벤투스에서도 4-2-4 포메이션를 썼지만 선수들의 특성에 따라 변경했다. 키엘리니, 바르찰리, 보누치로 백쓰리를 구성했고, 이들은 이 방식으로 오랫동안 뛰었다. 첼시도 같은 경우다. 첼시에 부임하자마자 백포를 썼으나 이후에는 선수들의 특성을 고려해 백쓰리로 변경했다. 나는 하나의 시스템과 포메이션을 고집하지 않는다.

모든 상황에서 내 팀을 위한 최고의 방안을 모색한다.

마지막으로 2022-23 시즌 목표를 듣고 싶다.

내 목표는 곧 토트넘의 목표다. 우리는 팀이기 때문이다. 지난 시즌보다 더 경쟁력을 갖추는 게 목표라고 생각한다. 경기력 측면에서 득점을 높이고, 실점을 낮춰 승점을 더 많이 획득하는 것이다. 우리가 우승 경쟁을 하려면 시간과 인내심이 더 필요한 것을 잘 알고 있다. 다른 팀들이 우리보다 앞서 있기 때문이다. 우리는 그 간격을 좁히기 위해 빠르게 움직이고 있다. 이것이 우리의 목표가 되어야 한다고 생각한다. 지난 시즌보다 성장하며 (결과가) 어떻게 되는지 지켜보자. 알다시피 우리는 네 개의 대회에 출전한다. 우리는 야망을 품고 모든 대회에 임해야 한다. 선수는 물론이고 팬들도 이 부분을 인지해야 한다.

콘테는 목표를 이루기 위해서 선수들뿐만 아니라 클럽 전체와 팬들조차도 같은 방향을 바라보고 있어야 한다고 믿는다. 이런 관점에서 보면 그가 이적시장에서 클럽과 마찰이 생기는 것도 이해할 수 있는 부분이 있다. 토트넘에서 두 번째 시즌을 맞게 되는 그가 우승을 할 수 있을지 없을지는 알 수 없다. 그래도 오랫동안 우승을 하지 못한 토트넘에게 일정한 방향성을 가지게 이끄는 일은 누구보다 콘테가 잘 할 수 있는 일이다. 그의 팀은 때로는 허술하며, 때로는 답답하게 느껴질 수도 있다. 그러나 긴 호흡으로 보면 마지막에는 승리하는 일이 많았던 게 콘테의 팀이다. 토트넘과 콘테에게 행운이 있기를.

Antonio
Conte

1ST PUBLISHED DATE 2022. 12. 2

AUTHOR Sunsoo Editors, Park Chanwoo
PUBLISHER Hong Jungwoo
PUBLISHING Brainstore

EDITOR Kim Daniel, Cha Jongmoon, Park Hyerim
DESIGNER Champloo, Lee Yeseul
MARKETER Yook Ran
PHOTO Getty Images
E-MAIL brainstore@chol.com
BLOG https://blog.naver.com/brain_store
FACEBOOK http://www.facebook.com/brainstorebooks
INSTAGRAM https://instagram.com/brainstore_publishing

ISBN 979-11-88073-26-9 (03690)

ANTONIO CONTE